谨以此书

献给内蒙古自治区文物考古研究所
成立六十周年

（1954~2014年）

内蒙古自治区长城资源调查报告
东南部战国秦汉长城卷

内蒙古自治区文化厅（文物局）
内蒙古自治区文物考古研究所　编著

文物出版社

责任编辑　冯冬梅

封面摄影　孙立梅

封面设计　周小玮

责任印制　陈　杰

图书在版编目（CIP）数据

内蒙古自治区长城资源调查报告·东南部战国秦汉
长城卷/内蒙古自治区文化厅（文物局），内蒙古自治区
文物考古研究所编著.— 北京：文物出版社，2014.9
　ISBN 978-7-5010-4051-3

　Ⅰ.①内…　Ⅱ.①内…　②内…　Ⅲ.① 长城—调查
报告—内蒙古—秦汉时代　Ⅳ.①K928.77

　中国版本图书馆CIP数据核字（2014）第156341号

内蒙古自治区长城资源调查报告·东南部战国秦汉长城卷

内蒙古自治区文化厅（文物局）
　　　　　　　　　　　　　　　　编著
内蒙古自治区文物考古研究所

文 物 出 版 社 出 版 发 行

（北京市东直门内北小街2号楼　　100007）

http://www.wenwu.com

E-mail: web@wenwu.com

北京燕泰美术印刷有限责任公司印刷

新 华 书 店 经 销

889×1194　1/16　印张：14

2014年9月第1版　2014年9月第1次印刷

ISBN 978-7-5010-4051-3　定价：220.00元

《内蒙古自治区长城资源调查报告·东南部战国秦汉长城卷》编纂委员会

主　　任：周纯杰

副 主 任：安泳锝　塔　拉

委　　员：王大方　哈　达　陈永志　樊建强　陈雅光　吉　平
　　　　　张文平　张宗海　曹佩瑶　刘　冰　李·乌力吉

主　　编：安泳锝

副 主 编：塔　拉　王大方　张文平（常务）

总 撰 稿：张文平　马凤磊

撰　　稿：邰新河　刘伟臣　郭　勇　崔伟春　刘伟东

绘　　图：马登云　姜仕勋　崔伟春　刘伟臣

摄　　影：刘伟东　郭　勇　邰新河

目 录

插图目录

插表目录

地图目录

彩图目录

第一章
概　述

　　本报告所言东南部，主要指位于内蒙古自治区东南部的通辽市和赤峰市。在2009~2010年开展的明以前长城资源调查过程中，通辽市和赤峰市境内分别调查了战国秦汉长城、金界壕等数个时期的长城线路。对于金界壕，内蒙古自治区的长城资源调查系列报告里将予以专门介绍。由于通辽、赤峰两市的战国秦汉长城与邻省辽宁境内的同时期长城，在今辽西地区构成了一个相对独立的分布区域，所以将分布于两市境内的战国秦汉长城单独列出，予以详细报告。

一　东南部战国秦汉长城分布地区的自然地理环境

　　通辽、赤峰两市所在的内蒙古自治区东南部，位于大兴安岭南段山地东麓和燕山山脉北麓之间，西、北侧分别与锡林郭勒盟、兴安盟相邻，南与河北省接壤。发源于大兴安岭山地的西拉木伦河与发源于燕山山脉的老哈河总体呈由西向东流向，二者汇聚为西辽河，这些河流及其众多支流在东南部的中东部地区形成了广阔的西辽河平原，东北、东南部分别与吉林省、辽宁省毗邻。西辽河平原南部由于历史上生态环境的破坏，沙化严重，在通辽市西南部形成了科尔沁沙地。

　　整个东南部地区的地形地貌，从东西方向看，大体由西向东地势逐渐降低，呈现为由山地经由丘陵过渡到平原的总体态势；从南北方向看，西拉木伦河~西辽河由西向东横贯中部，形成一条重要的南北分界线，北部多草原丘陵，南部多丘陵山地。

　　东南部地区整体属于中温带半干旱大陆性季风气候，冬季严寒少雪，多偏北风；夏季雨水集中；春、秋两季较短，南北气流交换剧烈，以多大风、少雨雪为特征。年平均气温6~7℃，年降水量350~450毫米，无霜期90~150天。由于纬度不同，地貌形态不一，四季温差变化较大。

二　本次调查的组织与实施情况

　　内蒙古自治区东南部地区的明以前长城调查工作，是在国家文物局长城资源调查项目总体规划的安排部署下，在内蒙古自治区文化厅（文物局）、内蒙古自治区文物考古研究所的具体领导下，在通辽、赤峰两市文化文物部门的大力支持下开展的。2009年，设在内蒙古自治区文物考古研究所的自治区长城资源调查项目组，于通辽市、赤峰市分别组建了一支明以前长城调查队，这两支调查队通过近两年的田野调查工作，于2010年底完成了两市境内所有明以前长城的调查工作。

通辽市、赤峰市境内的战国秦汉长城，分布于通辽市境内的库伦旗、奈曼旗和赤峰市境内的敖汉旗、元宝山区、喀喇沁旗、松山区、宁城县。通辽市长城调查队队长为邰新河，成员有刘伟臣、孟繁才、陈宝音都荣、恩和特布沁、卫子儒、江彦华、丁昌民等。赤峰市长城调查队队长为马凤磊，成员有郭勇、黄云波、刘伟东、崔伟春、姜仕勋、张义成、娄达、娄海峰等。以上调查队由内蒙古自治区长城资源调查项目组统一领导，项目总领队为张文平。

东南部战国秦汉长城的调查工作过程，可分为田野调查、室内资料整理和调查报告编写三个阶段。2009年7~11月期间，通辽市、赤峰市的长城调查队均开展了田野调查工作，其中，通辽市调查队于当年完成了其境内战国秦汉长城的田野调查工作，赤峰市调查队通过2010年3~5月间的进一步工作，也完成了其境内战国秦汉长城的田野调查工作。从2009年12月开始，两支调查队的骨干队员集中于内蒙古自治区文物考古研究所，开始了战国秦汉长城调查资料的整理工作，于2011年5月完成了数据库资料的初步整理。2011年6~12月，完成了调查资料的复核以及数据库的进一步完善工作。自2012年初开始编写田野调查报告，大致于2013年上半年完成初稿。

三　前人调查与研究概况

对于赤峰市境内的古长城，1942年，李文信、佟柱臣两位先生在对当时热河省赤峰县的田野考古调查中，即已发现位于今赤峰市区北部的部分段落，并认为是战国时期燕国修筑的长城[1]。

20世纪六七十年代，昭乌达盟（今赤峰市）文物工作站和辽宁省博物馆等文博单位的考古人员，对今辽西地区的古长城遗迹作了较为详细的调查。昭乌达盟文物工作站的主要调查者项春松分别撰写发表了《昭乌达盟燕秦长城遗址调查报告》、《昭乌达盟汉代长城遗址调查报告》[2]，对今赤峰市境内的战国秦汉长城遗存作了较为详细的报告；辽宁省博物馆的主要调查者李庆发、张克举撰写发表了《辽西地区燕秦长城调查报告》、《辽宁西部汉代长城调查报告》[3]，对整个辽西地区战国秦汉长城的调查情况作了较为详细的报告。

项春松的报告认为，在今赤峰市境内分布着四道战国秦汉时期的长城，由北向南分别命名为赤北长城、赤南长城、老虎山长城和汉长城，其中赤南长城为燕长城，赤北长城和老虎山长城为秦始皇统一六国之后所修筑的长城。项春松所言赤北长城即李文信、佟柱臣早年发现的燕长城，老虎山长城被以后的调查证明是赤南长城的组成部分。

李庆发、张克举的报告正确地将今辽西地区的战国秦汉长城分为三道，除南部的汉长城外，北部和中部的两道分别称作北线长城和南线长城，认为北线长城为秦代兴筑，南线长城为燕长城。在时代推断上，李庆发、张克举的观点与项春松基本上相一致，对于南面的汉长城，均认为是西汉武帝时期

〔1〕佟柱臣：《考古学上汉代及汉代以前的东北疆域》，《考古学报》1956年第1期；李文信：《东北发现战国以来的主要遗迹和遗物》，《李文信考古文集》，辽宁人民出版社，1992年。

〔2〕内蒙古自治区昭乌达盟文物工作站：《昭乌达盟燕秦长城遗址调查报告》，文物编辑委员会编《中国长城遗迹调查报告集》，文物出版社，1981年；内蒙古自治区原昭乌达盟文物工作站：《昭乌达盟汉代长城遗址调查报告》，《文物》1985年第4期。

〔3〕李庆发、张克举：《辽西地区燕秦长城调查报告》，《辽海文物学刊》1991年第2期；李庆发、张克举：《辽宁西部汉代长城调查报告》，《北方文物》1987年第2期。

"弃上谷之什辟县造阳地以予胡"后修筑的[1]。

在这些调查成果的基础上，1991年，冯永谦发表在《东北亚历史与文化》上的《东北古代长城考辨》[2]一文，对东北地区古代长城的时代问题提出了一些新的看法。冯永谦认为北部和中部的两条长城均为战国燕始筑，分别命名为"燕北长城外线"和"燕北长城内线"，其中外线为秦代、西汉初年所沿用，内线为西汉"弃上谷之什辟县造阳地以予胡"后所沿用，而南部的汉长城则是东汉长城。

李逸友于1996~1997年曾对今辽西地区的部分战国秦汉长城作了复查，对三道长城的时代认识综合了以前的一些观点。如对于北部、中部的两道长城，沿袭了冯永谦的观点，认为均为燕长城，并命名为燕北长城北线、南线，其中北线为秦代所沿用；对于南部的汉长城，则同意项春松与李庆发、张克举的观点，是西汉武帝时期"弃上谷之什辟县造阳地以予胡"后修筑的。李逸友的论点具体反映在《中国北方长城考述》一文和《中国文物地图集·内蒙古自治区分册》[3]中，影响较大。

在这些对辽西地区古长城的调查与研究成果中，张维华的《中国长城建置考》一书和李文信的《中国北部长城沿革考》[4]一文，都起到了在史料研究上的引领作用。此外，李殿福、王绵厚等对长城沿线郡县址的考证[5]，为长城本体的时代推断提供了很重要的依据。

四　本次调查的主要成果

本次调查，主要是在前人调查与研究成果的基础上，对三道长城逐段作了认真细致的实地踏查，取得了一些重要的新发现。

东周时期，列国争衡，大国称霸，国与国之间的战争十分频繁，一些国家纷纷修筑长城以自卫。如齐、魏、中山等国都曾修筑长城，抗御来自周边列国的进攻，这也是中国历史上最早出现的利用长城作为战争防御手段的一个历史时期。到战国中晚期，随着北方游牧民族势力的日渐强大，对中原北方列国的威胁也越来越大，燕、赵、秦三国都向北扩张领土并修筑长城，以抵御东胡、匈奴和戎狄等族。

燕国于燕昭王在位期间（公元前311~前279年），国力达到了一个极盛时期，大将秦开北逐东胡，东胡退却千余里，大约在公元前290年前后，"燕亦筑长城，自造阳至襄平，置上谷、渔阳、右北平、辽西、辽东郡以拒胡"[6]。相对于燕国此前沿易水北岸修筑的抵御齐、赵进犯的燕南长城，北部"拒胡"的长城一般被称作燕北长城。

从昭乌达盟文物工作站和辽宁省博物馆等文博单位早期的调查成果来看，均认为中部长城为战国

〔1〕《史记》卷一一〇《匈奴列传》。

〔2〕冯永谦：《东北古代长城考辨》，张志立、王宏刚主编《东北亚历史与文化——庆祝孙进己先生六十诞辰文集》，辽沈书社，1991年。

〔3〕李逸友：《中国北方长城考述》，《内蒙古文物考古》2001年第1期；国家文物局主编《中国文物地图集·内蒙古自治区分册》（上、下册），西安地图出版社，2003年。

〔4〕张维华：《中国长城建置考》，中华书局，1979年；李文信：《中国北部长城沿革考》，《社会科学辑刊》1979年创刊号，第2期。

〔5〕李殿福：《西汉辽西郡水道、郡县治所初探——兼论奈曼沙巴营子古城为西汉文成县》，《辽宁大学学报》（哲学社会科学版）1982年第2期；王绵厚：《考古学所见两汉之际辽西郡县的废迁和边塞的内徙》，中国考古学会编《中国考古学会第六次年会论文集》，文物出版社，1987年。

〔6〕《史记》卷一一〇《匈奴列传》。

燕北长城，本次调查在长城沿线采集的遗物也证实了这一点。对于北部长城，最初的调查认为是秦长城，主要史料依据采自《史记》，如《史记·蒙恬列传》记载："秦已并天下，乃使蒙恬将三十万众北逐戎狄，收河南。筑长城，因地形，用制险塞，起临洮，至辽东，延袤万余里"[1]。冯永谦、李逸友等根据北部长城沿线报道发现有战国时期燕国遗物，认为北部长城是燕北长城为秦代所沿用，这样，燕国在今辽西地区就并存有南、北两条长城。对于这样的推论，首先缺乏史料的依据；再者，北部长城沿线发现的所谓战国燕的遗物，更有可能是保留了燕国遗风的秦代遗物。

秦始皇在今辽西地区，如在今内蒙古西部的阴山山脉一样，在燕、赵长城的北部新修筑了长城。这些新修筑的长城，为西汉所沿用。李殿福考证今奈曼旗境内的西土城子古城和沙巴营子古城，分别为西汉辽西郡所领十四县中的新安平、文成两县的县治所在[2]；王绵厚则认为，沙巴营子古城为新安平县治，而西土城子古城为另一西汉县治[3]。暂搁置两位学者的争议不论，西土城子古城和沙巴营子古城均位于北部长城的南侧一线，当是北部长城为西汉所沿用的明证。

至于南部长城，则以冯永谦所提出的东汉长城的观点为是。昭乌达盟文物工作站和辽宁省博物馆等文博单位调查认为，南部长城是汉长城，并提出其为西汉武帝时期"弃上谷之什辟县造阳地以予胡"后所修筑。造阳地在汉代右北平郡以西、今河北省北部地区，造阳地以东的西汉右北平、辽西、辽东等郡，西汉并未放弃。因此，今河北省东北部地区的秦始皇长城在西汉武帝时期遭放弃，是有史料依据的；而在今辽西地区，西汉则当继续沿用了秦始皇长城。到东汉初年，匈奴势衰，乌桓内侵，东汉王朝招降部分乌桓部族为其守边。据《后汉书·乌桓鲜卑列传》记载："乌桓或愿留宿卫，于是封其渠帅为侯王君长者八十一人，皆居塞内，布于缘边诸郡，令招徕种人，给其衣食，遂为汉侦候，助击匈奴、鲜卑"。东汉王朝利用乌桓部族守边，防御匈奴、鲜卑，鉴于乌桓的流动性较强，不再修筑长城墙体，主要是用烽燧线进行瞭望报警。王绵厚前揭文也认为，东汉的辽西边塞退缩到了大凌河一线。

这样，今辽西地区呈东-西走向的三道长城在时代上已大体明确，中部一道为燕北长城，北部一道为秦朝始筑、西汉沿用的秦汉长城，南部一道为东汉长城。（地图一）本次调查中，三道长城的走向与以前的调查大部分地段相吻合，只有北部秦汉长城从赤峰市延伸到通辽市奈曼旗后，在该旗新镇朝阳沟村东北0.48千米处消失不见，再往东开始进入茫茫的科尔沁沙地，秦汉时期是否修筑有长城已不可知。以前认为该段长城墙体继续向东延伸的相关资料，均系臆测。

通辽市长城调查队在库伦旗境内新发现一道大致呈西南-东北走向的长城墙体。（参见地图一）该段墙体的南端延伸向厚很河方向，北端延伸向养畜牧河方向，在两河之间构成一道南北向的从西面防御东面的防线。养畜牧河呈东-西流向，在科尔沁沙地南端形成一条巨大的鸿沟。库伦旗新发现长城有可能到达养畜牧河之后，以养畜牧河为河险，向西与秦汉长城相连接；但在养畜牧河南侧沿线，没有发现任何与长城相关的遗迹遗物，因此，这样的推测尚难成立。库伦旗新发现长城均为土筑墙体，沿线发现有烽燧、障城等遗迹，遗物极少，仅见个别泥质素面灰陶片。因此，关于该段长城的时代，还有做进一步探究的必要。从其墙体、烽燧和障城的特点初步推断，该段长城极有可能建于西汉时期，但使用时间较短。

〔1〕《史记》卷八八《蒙恬传》。

〔2〕李殿福：《西汉辽西郡水道、郡县治所初探——兼论奈曼沙巴营子古城为西汉文成县》，《辽宁大学学报》（哲学社会科学版）1982年第2期。

〔3〕王绵厚：《考古学所见两汉之际辽西郡县的废迁和边塞的内徙》，中国考古学会编《中国考古学会第六次年会论文集》，文物出版社，1987年。

　　通过本次全面的调查，结合前人调查与研究成果，在明确了通辽市、赤峰市境内迄今发现的四道长城的时代序列之后，本报告将中部的战国燕北长城、北部的秦汉长城、新发现的库伦旗西汉长城和南部的东汉长城，分为四章予以描述。其中，战国燕北长城、秦汉长城、通辽市库伦旗西汉长城三章，以划分的墙体段落为主，将烽燧、障城等单体建筑附于其相邻墙体之后予以介绍，而东汉长城一章，则将壕堑、烽燧和障城按照由东向西的顺序予以平行介绍。

第二章

战国燕北长城

　　属于今辽西地区的战国秦汉时期三道长城中部地段的燕北长城，在内蒙古自治区境内主要分布于赤峰市，通辽市未见相关遗存。（地图二~四、参见地图一）

　　战国燕北长城在赤峰市境内由东向西主要分布于敖汉旗、元宝山区和喀喇沁旗境内，大体沿燕山山脉北麓的努鲁儿虎山和七老图山分布，总长132264.5米，分为88个调查段，包括石墙32段、土墙12段、山险11段、山险墙1段、河险1段、消失21段。其中，石墙保存一般5863.3米、较差17249.7米、差10521.6米；土墙保存较差416米、差10644米；山险长16016.9米；山险墙长124米；河险长1000米；消失70429米。长城沿线调查烽燧40座、障城13座。

　　具体情况如下表所示。（表一）

表一　战国燕北长城数据简表

分布行政区域		墙体（长度：米）										单体建筑（座）	
		石墙			土墙			山险	山险墙	河险	消失	烽燧	障城
		一般	较差	差	一般	较差	差						
赤峰市	敖汉旗	5701.3	15264.7	5897.6	0	0	2128	4936.9	0	0	55996	25	2
	元宝山区	162	1985	2650	0	0	5425	6071	124	1000	6081	9	5
	喀喇沁旗	0	0	1974	0	416	3091	5009	0	0	8352	6	6
总计		5863.3	17249.7	10521.6	0	416	10644	16016.9	124	1000	70429	40	13

一　长城墙体分布与走向

　　战国燕北长城分布于赤峰市南部，大致呈东–西走向。东由辽宁省北票市进入，自东向西穿过敖汉旗，又出赤峰市进入辽宁省建平县，复入赤峰市元宝山区，从元宝山区进入喀喇沁旗，西端在喀喇沁旗姜家湾村附近失去踪迹。

　　下面，对战国燕北长城在敖汉旗、元宝山区和喀喇沁旗境内的走向，由东向西做具体描述。

（一）赤峰市敖汉旗

在敖汉旗境内，战国燕北长城的最东端起自宝国吐乡邢家窝铺村东0.4千米，与辽宁省北票市北塔乡吻（音"乌"）苏吐噜村相邻。本次调查中，这里看不到墙体遗迹，仅据当地村民讲述，早年曾有一条在地表隐约可见的黑土带（当地村民称为"黑土垄"），在这一地区呈东-西走向分布。

西行至东刘家屯村东北，长城墙体始露端倪，地表可见一条黑土带时隐时现，应为墙体遗迹。至东刘家屯村西北1.4千米，黑土带消失，西南过后石头井子村，于王家营子乡五间房村东北黑土带再次出现，延伸至五间房村西南后消失。到贝子府镇小瓦房沟村附近，开始进入山区。在山坡上始见明显的长城墙体，大体呈东-西走向，墙体用石块砌筑而成，两侧石块较大，中间则用较小的石块填充，墙体倒塌严重，呈低矮的石垄状。继续向西南进入十二连山，长城蜿蜒于山中，墙体均为石块砌筑而成，到北新地村附近墙体消失。

在北新地村西南的山坡上长城墙体再次出现，呈北-南走向。行至田家沟村附近长城折向西，呈东-西走向。至苟家沟村东北墙体保存相对较好，呈东北-西南走向。经苟家沟村北侧墙体消失800多米后再次出现，并折向西北，经李家杖子村南、瓦盆窑村，于东沟村东北消失。墙体再次出现后，经克力代村北、红山嘴村东进入河川地带。由于这一地带地势较平坦，耕地连片，道路纵横交错，墙体消失不见。

长城墙体再次出现是在克力代村北山上，仍用石块砌筑而成，呈东-西走向。到达刘家洼子村东地势和缓，墙体消失。于兰家窝铺村东进入山区，所见墙体均为山险，大体呈东北-西南走向，系利用险峻的山体作为天然屏障，实现防御功能，山体两侧均为悬崖峭壁，只在个别垭口处用石块封堵。到兰家窝铺村南，墙体出现于险峻的山体脊部，呈东-西走向。大部分墙体仅存基础，底宽顶窄，砌筑较精细，墙线清晰，部分墙体利用自然山体裸露的岩石做基础。到董家沟村东北，墙体消失。

在陈家杖子村东至二上营子村之间，长城墙体大体呈东南-西北走向，保存较差，时隐时现。到格斗营子村西南约2.42千米，墙体出现于险峻的山体脊部，呈东-西走向，延续约3000米后又消失约1000米。此后，再次出现于格斗营子村西南0.78千米，延续至小楼子山村北墙体再次消失3400余米。至新惠镇水泉村西北，墙体复又出现，呈东南-西北走向，经小马莲沟村延续至北沟村北。至此，墙体消失，再向西则进入辽宁省建平县。（参见地图二）

（二）赤峰市元宝山区

战国燕北长城墙体经辽宁省建平县再次进入赤峰市境内，出现在元宝山区美丽河镇冷水塘村东北1.4千米，隔老哈河与建平县马家湾村东山坡上的长城墙体相望。

冷水塘村附近的长城墙体为土筑，呈东北-西南走向，由于破坏严重，墙体现呈低矮的土垄状。至冷水塘村西北1千米，墙体消失1700米，之后再次出现于冷水塘村西1.8千米，墙体为土筑，呈土垄状，由东北向西南延伸，时隐时现，穿行在连片的耕地中，个别地段呈现的是一条黑土带。由于土质较硬，当地村民未将该段墙体所处区域开垦为耕地，许多地段被村民利用为乡间土路。至三家村东北，墙体被耕地、林带及赤（峰）朝（阳）高速公路截断，消失1600米。至朝阳沟村西北1.5千米墙体复现，大体由东北向西南延伸，经盆子窑村西北延伸至砖瓦窑村北。在这一区间内，墙体穿行于数个山梁上，遗迹较清晰，大部分用石块砌筑而成，仅在朝阳沟村西，因地势平坦，有856米的土筑墙体。

长城墙体在砖瓦窑村北消失157米后复现，折向西延伸，以石块砌筑而成。到砖瓦窑村西北，地形多为低矮的土丘，墙体变为土筑，许多地段的墙体被当地村民利用为乡间道路。到小五家镇谢家营子村东南，墙体继续向西南延伸，过谢家营子村爬上较高的山梁，墙体随之变为石块砌筑而成。在谢家营子村南，山势陡峻，长城则利用险峻的山势，形成一道天然屏障，该段山险长1000多米，未发现人工砌筑的墙体，沿线修筑有3座烽燧，均为石砌空心。此后，墙体很少，仅在两山之间的低凹处出现，两侧利用天然山势形成山险墙。到达房身村东南后再次为险峻的山险，经乌兰乌苏村、大营子村到中窑沟村，大体呈东北-西南走向，这一区间只有大营子长城2段为人工砌筑的墙体，其余地段利用自然山势作为屏障，沿线修筑有4座烽燧。此后墙体消失660米，到中窑沟村东北的山岗上才又出现人工石块砌筑而成的墙体，修筑于山岗上的缓坡处，逐渐向山顶上延伸。此后，墙体消失。（参见地图三）

（三）赤峰市喀喇沁旗

战国燕北长城墙体再次出现是在喀喇沁旗楼子店乡杨家窝铺村西北2.1千米，经林家地村西北、二道营子村东北，墙体大部分修筑于平缓的坡地上，呈东北-西南走向，黄土夯筑而成，呈低矮的土垄状，基础不太清晰。此后，墙体消失6900米，于楼子店乡刘家店村东1.1千米险峻的山顶上复现，由山顶向山下延伸，呈东-西走向。刘家店村西南的山势陡峭，不见墙体。其后，墙体出现于相对和缓的山体脊部，为石块砌筑而成，呈东南-西北走向。至楼子店乡刘家店村西南，长城利用险峻的山势作为一道天然屏障，不见人工砌筑的墙体，山体大体呈东南-西北走向。

至槟榔沟村西北，长城行进于两座险峻的大山之间。在相对低缓的山顶和山坡上，墙体大致呈西北-东南走向，黄土夯筑而成，大部分呈低矮的土垄状，稍高于两侧地表，大部分墙体形制无法分辨，部分地段仅见黑土带。到槟榔沟村东北，山势陡然险峻，长城利用险峻的山势作为一道天然屏障，无人工砌筑的墙体，长3000米，大体呈东北-西南走向。至姜家湾村附近，墙体保存有两段石墙和一段土墙，延伸于明安山东坡上，墙体止点处有姜家湾2号障城。（参见地图四）

以往一些调查者认为，战国燕北长城经姜家湾村延伸至河北省承德市境内。本次调查中，通过对这个区域进行大面积的踏查与走访，始终未发现长城墙体。喀喇沁旗地处燕山山脉东段北缘，全旗地处七老图山东麓的丘陵山区地带，从姜家湾村到河北省承德市隆化县的茅荆坝乡之间，山体连绵不断，山势高大险峻。从本次调查的情况来看，战国燕北长城即使如以前调查者所认为的那样延伸至了河北省境内，在两省区的交界地带只可能是利用了山险，根本没有修筑人工墙体的必要。

二　长城墙体与单体建筑保存现状

长城墙体大部分为就地取材而砌筑，特点是山地大部分为石块垒砌，地表遗迹明显；山下相对平缓之处大部分为土筑，地表遗迹不明显。单体建筑主要包括烽燧、障城两类。下面分旗县（区）予以详细描述。

（一）赤峰市敖汉旗

燕北长城在敖汉旗境内总长89924.5米，划分为39个调查段，包括石墙20段、土墙2段、山险2段、消失15段。其中，石墙保存一般5701.3米、较差15264.7米、差5897.6米；土墙保存差，长2128米；山险长4936.9米；消失55996米。长城墙体沿线调查烽燧25座、障城2座。（地图五、参见地图二）

1.邢家窝铺长城（150430382301020001）

该段长城东由辽宁省北票市进入，起自宝国吐乡邢家窝铺村东0.4千米，止于邢家窝铺村西北2.4千米。

该段长城为墙体消失段，起止点之间的直线长度为2700米。墙体被耕地所破坏。

2.东刘家屯长城（150430382101020002）

该段长城起自宝国吐乡东刘家屯村东北0.78千米，止于东刘家屯村西北1.4千米。墙体修筑于平缓的平原地带，大体呈东南-西北走向。上接邢家窝铺长城，下接后石头井子长城。

墙体长1700米。整体保存差，墙体仅存一条模糊不清、隐约可见的黑土带，为修筑墙体时，于外侧挖沟取土形成的壕沟被掩埋后形成的遗迹，标示出该段长城的具体走向，黑土带宽4~4.5米。根据地表现象判断，该段墙体原应为土墙。

3.后石头井子长城（150430382301020003）

该段长城起自宝国吐乡东刘家屯村西北1.4千米，止于宝国吐乡后石头井子村北2.1千米。根据所处地理环境并结合相邻段墙体走向分析判断，该段墙体原应呈东北-西南走向。上接刘家屯长城，下接五间房长城。

该段长城为墙体消失段，起止点之间的直线长度为15100米。根据地表现象和周边地理环境判断，该段墙体原应为土墙。

4.五间房长城（150430382101020004）

该段长城起自王家营子乡五间房村东北0.2千米，止于五间房村西南0.24千米。墙体修筑于低缓的平原地带，大体呈东北-西南走向。上接后石头井子长城，下接上石硊子长城。

墙体长428米。整体保存差，墙体遗迹模糊不清，大部分呈略高于地表的土垄状，底宽1~2.5米。墙体所处地势西高东低，被开垦为成片的梯田。

5.上石硊子长城（150430382301020005）

该段长城起自王家营子乡五间房村西南0.24千米，止于贝子府镇小瓦房沟村西北3.15千米。根据相邻段墙体的走向分析判断，该段墙体原应呈东北-西南走向。上接五间房长城，下接小瓦房沟长城。

该段长城为墙体消失段，起止点之间的直线长度为8900米。墙体被耕地破坏。

6.小瓦房沟长城（150430382102020006）

该段长城起自贝子府镇小瓦房沟村西南2千米，止于贝子府镇化匠沟村西北2千米。墙体大体呈东-西走向。上接上石硊子长城，下接化匠沟长城。

墙体以自然山体为基础，石块砌筑而成，两侧用较大石块垒砌，中间用较小的石块填充。整体保存较差，墙体大部分坍塌，呈低矮的石垄状，两侧散落大量石块。现存墙体剖面呈梯形，底宽2~4、顶宽1~3、残高0.1~1米。墙体长1372.4米，其中，保存一般74.4米、较差966.9米、差331.1米，分别占该段墙体总长的5%、71%、24%。

该段长城沿线调查2座烽燧，为小瓦房沟1号、2号烽燧。

小瓦房沟1号烽燧（150430353201020001）

该烽燧位于贝子府镇小瓦房沟村西北2.8千米、长城墙体北侧。烽燧修筑于较高的山顶上，视野开阔，西南距小瓦房沟2号烽燧0.114千米。

烽燧为石砌空心结构。台体保存差，仅存基础，周围散落较多石块。台体平面呈近长方形，东西长20、南北长18米。台壁宽3~4、残高0.3~0.6米。（图一）

烽燧为石砌空心结构，东壁利用长城墙体。台体保存差，呈石丘状堆积，周围散落较多石块。台体平面呈圆形，直径11米。台壁宽1.5~2.5、残高0.1~0.3米。坍塌的烽燧遗迹上长满杂草和灌木。（图四；彩图五）

11.苟家沟长城1段（150430382102020011）

该段长城起自贝子府镇苟家沟村东北0.75千米，止于苟家沟村北0.43千米。墙体沿山脊修筑，呈东北-西南走向。上接田家沟长城，下接苟家沟长城2段。

墙体以自然山体为基础，用石块砌筑而成，砌筑较整齐，墙线清晰。整体保存较差，大部分倒塌，仅存基础。现存墙体底宽3~5、顶宽1~4.5、残高0.2~1米。墙体长574米，其中，保存一般237.1米、较差336.9米，分别占该段墙体总长的41%、59%。墙体四周山峦起伏，山势陡峭，山峦之间沟壑纵横，山上植被较好。（彩图六）

该段长城沿线调查2座烽燧，为苟家沟1号、2号烽燧。

苟家沟1号烽燧（150430353201020007）

该烽燧位于贝子府镇苟家沟村西南0.689千米、长城墙体南侧。烽燧修筑于视野开阔的山顶上。北距苟家沟2号烽燧0.018千米。

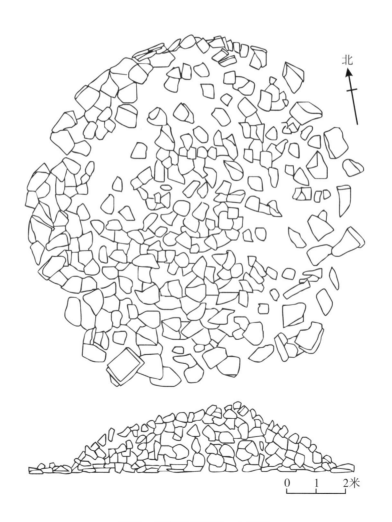

图四　田家沟烽燧平、立面图

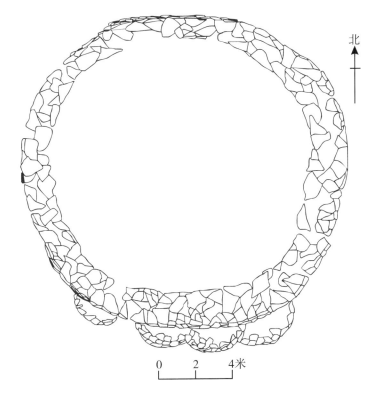

图五　苟家沟1号烽燧平面图

烽燧为石砌空心结构，北壁利用长城墙体。台体保存差，仅存基础，周围散落大量塌落的石块。台体平面呈圆形，直径16米。台壁底宽1~2、顶宽0.6~1.6、残高0.5~1米。（图五）

苟家沟2号烽燧（150430353201020008）

该烽燧位于贝子府镇苟家沟村西南0.69千米。烽燧修筑于视野开阔的山顶上，两侧连接长城墙体。南距苟家沟1号烽燧0.018千米。

烽燧为石砌空心结构。台体保存差，仅存基础，呈石丘状堆积，周围散落较多石块。台体平面呈近梯形，北墙14米、南墙13米、东墙10.5米、西墙11.6米。台体上现长满杂草和灌木。由于烽燧修筑于较陡峭的山脊上，台体外侧修筑有石砌护坡，现存护坡长4.5、高1米。（图六）

12.苟家沟长城2段（150430382301020012）

该段长城起自贝子府镇苟家沟村北0.43千米，止于苟家沟村西北0.646千米。根据所处地理环境及相邻段墙体走向分析判断，该段墙体原应呈东北-西南走向。上接苟家沟长城1段，下接苟家沟长城3段。

该段长城为墙体消失段，起止点之间的直线长度为804.4米。该段长城地处两条山脉之间，根据地形来判断，墙体原应为土墙。两侧山坡上种植有大面积松林，山坡下有村庄，开垦有大片农田，有一条乡村土路穿过。四周山峦起伏，山势陡峭。

13.苟家沟长城3段（150430382102020013）

该段长城起自贝子府镇苟家沟村西北0.646千米，止于苟家沟村西北1.173千米。墙体沿山脊由下向上延伸，直至山体顶部，呈东南-西北走向。上接苟家沟长城2段，下接李家杖子长城。

墙体以自然山体为基础，石块砌筑而成，砌筑较齐整，墙线清晰。整体保存较差，墙体大部分

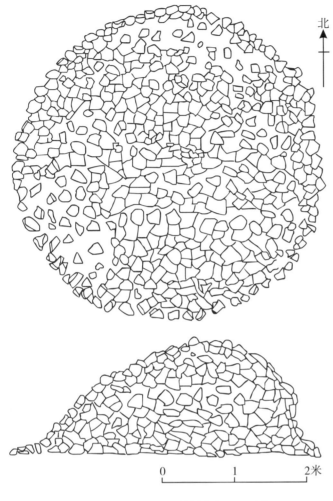

北

图一〇　李家杖子4号烽燧平、立面图

0.114千米。

烽燧为石砌空心结构，南壁利用长城墙体。台体保存差，呈圆形石丘状堆积，周围散落较多石块。台体平面呈圆形，直径5.3米。台壁底宽1.5、顶宽1.2、残高0.5~1米。（图一〇；彩图八）

李家杖子障城（150430353102020001）

该障城位于贝子府镇李家杖子村南2千米。依山势，修筑于长城墙体北侧的一座山岗上。南距长城墙体0.036千米，东距李家杖子4号烽燧0.693千米。

障城平面呈不规则四边形，东墙40米、西墙37米、南墙28米、北墙20米，门址不清。（图一一）整体保存差。障墙用石块砌筑而成，顶部坍塌，周围散落大量石块。现存障墙宽3~5、残高0.1~0.5米。障城内地表散落有少量陶片，为泥质夹砂红陶，火候较低，器表纹饰有绳纹和素面两种，器形无法分辨。

15.瓦盆窑长城（150430382102020015）

该段长城起自贝子府镇李家杖子村西南2.93千米，止于贝子府镇瓦盆窑村西南1.72千米。墙体修筑于山体顶部，沿山脊延伸，呈东北-西南走向。上接李家杖子长城，下接东沟长城1段。

墙体以自然山体为基础，石块砌筑而成。整体保存较差，墙体大部分倒塌，仅存基础，石块散落于墙体两侧。现存墙体底宽1.5~3、顶宽1~2、残高0.2~1米。墙体长1741.9米，其中，保存一般1019.3米、较差596.6米、差69.9米、消失56.1米，分别占该段墙体总长的59%、35%、3%、3%。（彩图九）

16.东沟长城1段（150430382102020016）

该段长城起自贝子府镇东沟村东北1.47千米，止于东沟村东北1.11千米。墙体由山体顶部沿山坡向下延伸，大体呈东南-西北走向。上接瓦盆窑长城，下接东沟长城2段。

墙体以自然山体为基础，石块砌筑而成。整体保存较差，墙体大部分倒塌，仅存基础，呈石垄状，石块散落于墙体两侧。现存墙体底宽1.5~3、顶宽0.5~2.5、残高0.2~1米。墙体长624.7米，其中，保存一般111.6米、较差387.3米、差86米、消失39.8米，分别占该段墙体总长的18%、62%、14%、6%。（彩图一〇）

17.东沟长城2段（150430382301020017）

该段长城起自贝子府镇东沟村东北1.11千米，止于贝子府镇东沟村北1.16千米。墙体大体呈东北-西南走向。上接东沟长城1段，下接东沟长城3段。

该段长城为墙体消失段，起止点之间直线长度为786.1米。该段长城地处山下相对平缓处，大部分为林地、梯田和灌木丛。根据所处地理环境判断，该段墙体原应为土墙。

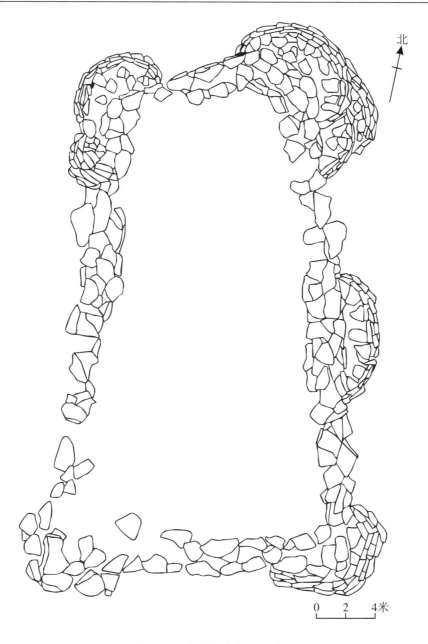

图一一　李家杖子障城平面图

18.东沟长城3段（150430382102020018）

该段长城起自贝子府镇东沟村北1.16千米，止于东沟村东北1.77千米。墙体修筑于高低起伏的丘陵地带，沿山脊曲折延伸，大体呈东–西走向。上接东沟长城2段，下接克力代长城1段。

墙体以自然山体为基础，石块砌筑而成。整体保存较差，墙体大部分倒塌，仅存基础，呈石垄状，石块散落于墙体两侧。现存墙体底宽1.5~2.5、顶宽0.5~2、残高0.2-0.4米。墙体长2023.4米，其中，保存较差999.5米、差653米、消失370.9米，分别占该段墙体总长的49%、33%、18%。

该段长城沿线调查1座烽燧，为东沟烽燧。

东沟烽燧（150430353201020013）

该烽燧位于贝子府镇东沟村北1.2千米、长城墙体北侧。

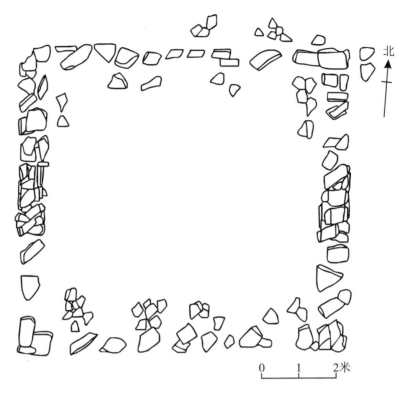

图一二　东沟烽燧平面图

烽燧为石砌空心结构,南壁利用长城墙体。台体保存差,基础残缺不全。台体平面呈长方形,东西长9、南北长8米。台壁宽0.5~0.8、残高0.2~0.5米。(图一二)

19.克力代长城(1504303821020200019)

该段长城起自贝子府镇克力代村东北2千米,止于克力代村北2.06千米。墙体修筑于山体顶部,沿山脊分布,大体呈东南—西北走向。上接东沟长城3段,下接红山嘴长城。

墙体以自然山体为基础,石块砌筑而成。整体保存较差,墙体大部分坍塌,仅存基础,石块散落于墙体两侧。现存墙体底宽1.5~3、顶宽1~2.5、残高0.2~1米。墙体长908.7米,其中,保存一般150米、较差664米、差66.7米、消失28米,分别占该段墙体总长的17%、73%、7%、3%。该段长城沿线采集有泥质灰陶片,器表饰有绳纹。(彩图一一)

20.红山嘴长城(1504303823010200020)

该段长城起自贝子府镇红山嘴村东0.95千米,止于红山嘴村南1.43千米。大体呈北—南走向。上接克力代长城,下接克力代北山长城。

该段长城为墙体消失段,起止点之间的直线长度为1680米。该段长城地处两条山脉之间的峡谷地带,被开垦成大片农田,地表仅隐约可见少量黑土带。据此判断,该段墙体原应为土墙。

21.克力代北山长城(1504303821020200021)

该段长城起自贝子府镇克力代村西北0.9千米,止于克力代村西1.34千米。墙体修筑于山体顶部,沿山脊逦迤分布,大体呈东—西走向。上接红山嘴长城,下接刘家洼长城。

墙体长575.3米。墙体以自然山体为基础,石块砌筑而成。整体保存差,墙体大部分倒塌,仅存基础。现存墙体底宽1.5~2、顶宽1~1.5、残高0.2~0.4米。

22.刘家洼子长城(1504303823010200022)

该段长城起自贝子府镇刘家洼子村东1.03千米，止于刘家洼子村西北5.38千米。根据相邻段墙体走向分析判断，该段墙体原应呈东-西走向。上接克力代北山长城，下接兰家窝铺长城1段。

该段长城为墙体消失段，起止点之间的直线长度为5380米。该段长城地处黄土丘陵地带，山势平缓，地表隐约可见少量黑土带。由此判断，该段墙体原应为土墙。

23.兰家窝铺长城1段（150430382106020023）

该段长城起自丰收乡兰家窝铺村东北1.88千米，止于兰家窝铺村东南0.66千米。大体呈东北-西南走向。上接刘家洼子长城，下接兰家窝铺长城2段。

该段长城为山险，长1924.9米。以自然险峻的山体作为屏障，仅在山坳处用短石墙连接。（彩图一二）

该段长城沿线调查1座障城，为房申障城。

房申障城（150430353102020002）

该障城位于贝子府镇房申村南1.5千米，修筑于山脚下的台地上。西南距兰家窝铺长城1段山险0.5千米、兰家窝铺1号烽燧1.72千米。

障城土筑而成。平面呈不规则四边形，北墙41米、南墙50米、东墙42米、西墙40米。整体保存差，基础及形制尚存。障墙外侧包砌有不规则石块，障墙剖面呈梯形，现存障墙底宽2.5~4、顶宽1~2、残高1~2.5米。北墙偏东被破坏，形成一豁口，疑似门址，距东墙8米。现障城内、外被开垦为农田，南侧散落大量石块。障城内地表散落有少量夹砂绳纹灰陶片，其他遗迹不明显。（图一三；彩图一三）

24.兰家窝铺长城2段（150430382301020024）

该段长城起自丰收乡兰家窝铺村东南0.66千米，止于兰家窝铺村南0.22千米。根据相邻段墙体走向分析判断，该段墙体原应呈东-西走向。上接兰家窝铺长城1段，下接兰家窝铺长城3段。

该段长城为墙体消失段，起止点之间的直线长度为521.8千米。该段长城地处一条干涸的河道上，墙体被洪水冲毁。

25.兰家窝铺长城3段（150430382102020025）

该段长城起自丰收乡兰家窝铺村南0.22千米，止于兰家窝铺村西1.1千米。墙体修筑于陡峭的山体上，沿山脊曲折延伸，大体呈东-西走向。上接兰家窝铺长城2段，下接董家沟长城。

墙体大部分用石块砌筑而成，部分利用了自然山体。墙体底宽顶窄，砌筑较细致。整体保存较差，墙体大部分倒塌，仅存基础，两侧散落较多石块。现存墙体底宽2~2.5、顶宽1.5、残高0.2~1米。墙体长1095.3米，其中，保存一般196.7米、较差623.7米、消失274.9米，分别占该段墙体总长的18%、57%、25%。（彩图一四）

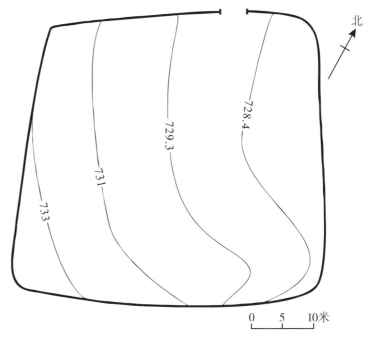

图一三　房申障城平面图

该段长城沿线调查1座烽燧，为兰家窝铺烽燧。

兰家窝铺烽燧（150430353201020014）

该烽燧位于丰收乡董家沟村东1.34千米。烽燧修筑于山腰处，两侧连接长城墙体。东北距房申障城1.72千米。

烽燧为石砌空心结构。台体保存差，坍塌呈石丘状，四周地表散落大量石块。台体平面呈长方形，东西长4、南北长3米。台壁宽0.5~0.8、残高0.2~1米。（图一四；彩图一五）

烽燧附近采集有少量陶片，为泥质夹砂灰陶，器表纹饰有绳纹和素面两种，器形无法分辨。

26.董家沟长城（15043038230 1020026）

该段长城起自丰收乡董家沟村东北0.6千米，止于董家沟村西2.48千米。根据相邻段墙体走向分析判断，该段墙体大体原应呈东–西走向。上接兰家窝铺长城3段，下接陈家杖子长城1段。

该段长城为墙体消失段，起止点之间的直线长度为2790米。该段长城所处多为耕地和林地，根据所处地理环境判断，该段墙体原应为土墙。

27.陈家杖子长城1段（150430382102020027）

该段长城起自丰收乡陈家杖子村东0.52千米，止于陈家杖子村西1.4千米。墙体修筑于平缓的山体顶部，呈东南–西北走向。上接董家沟长城，下接陈家杖子长城2段。

墙体以自然山体为基础，石块垒砌而成。墙体两侧用较大的石块砌筑，中间填以碎石或较小石块。整体保存一般，墙体大部分顶部坍塌。现存墙体底宽3、顶宽2~2.5、残高0.2~0.8米。墙体长1983.2米，其中，保存一般968米、较差63.2米、差952米，分别占该段墙体总长的49%、3%、48%。（彩图一六）

28.陈家杖子长城2段（150430382301020028）

该段长城起自丰收乡陈家杖子村西1.4千米，止于陈家杖子村西1.93千米。根据相邻段墙体走向分析判断，该段墙体大体原应呈东–西走向。上接陈家杖子长城1段，下接陈家杖子长城3段。

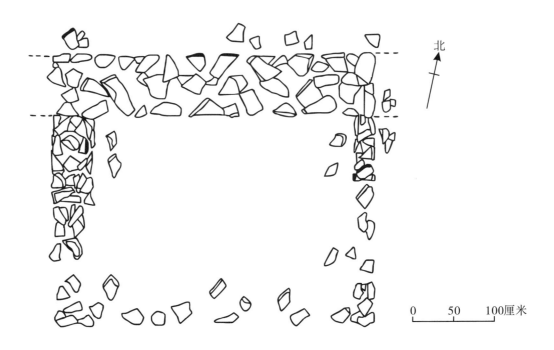

北

0　　50　　100厘米

图一四　兰家窝铺烽燧平面图

该段长城为墙体消失段，起止点之间的直线长度为573米。该段长城所处无明显墙体痕迹，仅有零星石块散落。结合所处地理环境判断，该段墙体原应为石墙。

29.陈家杖子长城3段（15043038210202 0029）

该段长城起自丰收乡陈家杖子村西1.93千米，止于丰收乡二上营子村东0.93千米。墙体修筑于陡峭的山体脊部，大体呈东南-西北走向。上接陈家杖子长城2段，下接二上营子长城。

墙体以自然山体为基础，石块砌筑而成。墙体两侧用较大的石块砌筑，中间填以小石块和碎石。整体保存较差，墙体大部分基线清晰，两侧散落有较多石块。现存墙体底宽1.5~2、顶宽1~1.5、残高0.2~0.5米。墙体长1526.9米，其中，保存一般709.1米、较差817.8米，分别占该段墙体总长的46%、54%。

该段长城沿线调查2座烽燧，为陈家杖子1号、2号烽燧。

陈家杖子1号烽燧（15043035320 1020015）

该烽燧位于丰收乡陈家杖子村西1.93千米。烽燧修筑于平缓的山体顶部，两侧连接长城墙体。西南距陈家杖子2号烽燧0.058千米。

烽燧为石砌空心结构。台体保存差，仅存基础，周围散落较多石块。台体平面呈圆形，外径6、内径3米。台壁宽1.5、残高0.2~0.8米。（图一五）

陈家杖子2号烽燧（15043035320 1020016）

该烽燧位于丰收乡陈家杖子村西1.96千米、长城墙体北侧。烽燧修筑于视野开阔的山岗上，与长城墙体相连。

烽燧为石砌空心结构。台体保存差，仅基础依稀可见。台体平面呈椭圆形，长径15、短径11米。台壁宽1.5、残高0.4~0.8米。由于山势陡峭，烽燧四围修筑有半圆形石砌护坡，大部分护坡被散落的石块掩埋。（图一六；彩图一七）

30.二上营子长城（1504303823010 20030）

该段长城起自丰收乡二上营子村东0.93千米，止于二上营子村西南2.42千米。根据相邻段墙体走向分析判断，该段墙体大体原应呈东-西走向。上接陈家杖子长城3段，下接格斗营子长城1段。

该段长城为墙体消失段，起止点之间的直线长度为3300米。该段长城地处两条山脉之间的低洼地带，有村庄，开垦了大片耕地。根据所处地理环境判断，该段墙体原应为土墙。

31.格斗营子长城1段（1504303821 06020031）

该段长城起自丰收乡二上营子村西南2.42千米，止于丰收乡格斗营子村东南0.54千米。长城从山下向山地延伸，呈东-西走向。上接二上营子长城，下接格斗营子长城2段。

该段长城为山险，长3012米。大部分地段利用山险作为屏障，仅在两山凹处用短石墙连接。保存

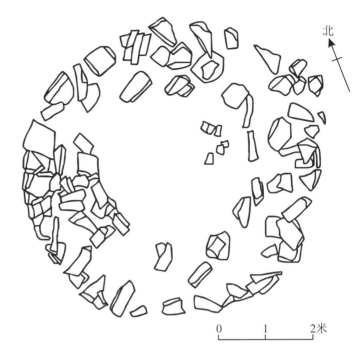

图一五　陈家杖子1号烽燧平面图

0　　1　　2米

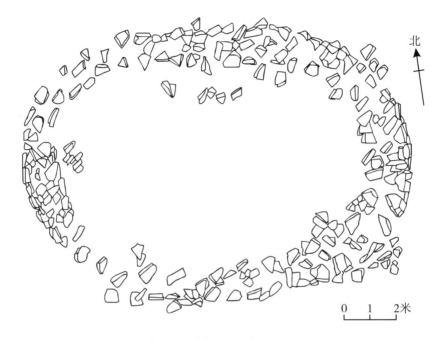

图一六　陈家杖子2号烽燧平面图

的石墙底宽2~3、残高0.2~0.5米。

32.格斗营子长城2段（1504303823010200032）

该段长城起自丰收乡格斗营子村东南0.54千米，止于格斗营子村西南0.78千米。根据相邻段墙体走向分析判断，该段墙体大体原应呈东-西走向。上接格斗营子长城1段，下接格斗营子长城3段。

该段长城为墙体消失段，起止点之间的直线长度为1002米。该段长城所处多为耕地和林地。根据所处地理环境判断，该段墙体原应为土墙。

33.格斗营子长城3段（1504303821020200033）

该段长城起自丰收乡格斗营子村西南0.78千米，止于新惠镇小楼子山村北0.33千米。墙体修筑于山体上，沿脊部延伸，部分地段利用了山险，呈东-西走向。上接格斗营子长城2段，下接小楼子山长城。

墙体以自然山体为基础，石块砌筑而成。整体保存较差，墙体大部分基础清晰，底宽顶窄，砌筑细致。现存墙体底宽1.5~3、顶宽1~2、残高0.2~0.8米。墙体长2789.7米，其中，保存一般481米、较差707.8米、差1600.9米，分别占该段墙体总长的17%、25%、58%。（彩图一八）部分地段墙体由于两侧坡度较大，修筑有数道半圆形护坡。

该段长城沿线调查3座烽燧，为格斗营子1~3号烽燧。

格斗营子1号烽燧（1504303532010200017）

该烽燧位于丰收乡格斗营子村西1.39千米。烽燧修筑于山顶上，两侧连接长城墙体。西北距格斗营子2号烽燧0.019千米。

烽燧为石砌空心结构。台体保存差。台体平面呈圆角长方形，东西长5、南北长7米。台壁宽0.5、残高0.2~0.5米。（图一七；彩图一九）

格斗营子2号烽燧（1504303532010200018）

该烽燧位于丰收乡格斗营子村西1.39千米。烽燧修筑于视野较开阔的山顶上，两侧连接长城墙体。西北距格斗营子3号烽燧0.424千米，东南距格斗营子1号烽燧0.019千米。

烽燧为石砌空心结构。台体保存差，仅存基础。台体平面呈圆角正方形，边长5米。台壁宽0.5、残高0.2~0.5米。（图一八）

格斗营子3号烽燧（1504303532010200
19）

该烽燧位于丰收乡格斗营子村西1.79千米，烽燧修筑于山顶上。

烽燧为石砌空心结构。台体保存差，大部分倒塌，石块散落，基础依稀可见。台体平面呈圆形，外径3、内径2米。台壁宽0.5、残高0.1~0.6米。（图一九）

34.小楼子山长城（1504303823010200
34）

该段长城起自新惠镇小楼子山村北0.33千米，止于小楼子山村西北0.3千米。根据相邻段墙体走向分析判断，该段墙体大体原应呈东南－西北走向。上接格斗营子长城3段，下接水泉长城。

该段长城为墙体消失段，起止点之间的直线长度为3410米。该段长城地处两山之间的低洼地带，被开垦为大片农田。根据所处地理环境判断，该段墙体原应为土墙。

35.水泉长城（150430382102020035）

该段长城起自新惠镇水泉村西北0.3千米，止于水泉村西北1.72千米。墙体修筑于较高的山体上，沿山脊延伸，呈东南－西北走向。上接小楼子山长城，下接小马连沟长城1段。

墙体以自然山体为基础，石块砌筑而成。整体保存较差，墙体大部分呈石垄状，部分墙体两侧散落大量石块。现存墙体底宽2~3.5、顶宽1.5~3、残高0.2~0.6米。墙体长1986.9米，其中，保存一般249.4米、较差1569.2米、消失168.3米，分别占该段墙体总长的13%、79%、8%。（彩图二○）

该段长城沿线调查3座烽燧，为水泉1~3号烽燧。

图一七　格斗营子1号烽燧平面图

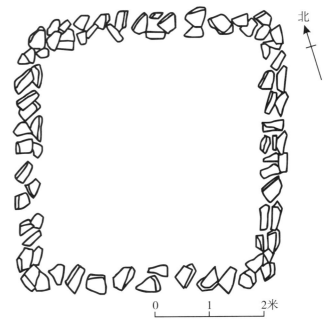

北

图一八　格斗营子2号烽燧平面图

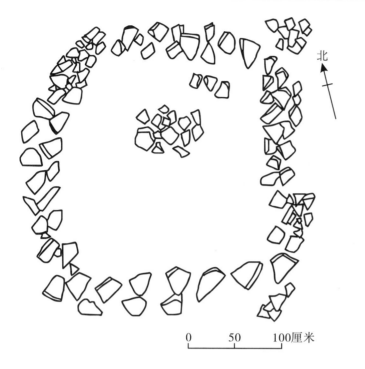

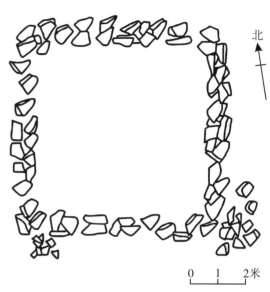

0　　50　　100厘米

图一九　格斗营子3号烽燧平面图

0　　1　　2米

图二〇　水泉1号烽燧平面图

水泉1号烽燧（150430353201020020）

该烽燧位于新惠镇水泉村西北0.41千米。烽燧修筑于较高的山顶上，两侧连接长城墙体。西北距水泉2号烽燧0.023千米。

烽燧为石砌空心结构。台体保存差，大部分倒塌，石块散落，仅存基础。台体平面呈正方形，边长4米。台壁宽0.5、残高0.2~0.6米。（图二〇）

水泉2号烽燧（150430353201020021）

该烽燧位于新惠镇水泉村西北0.43千米。烽燧修筑于平缓的山顶上，依长城墙体南侧而建。东南距水泉1号烽燧0.023千米。

烽燧为石砌空心结构。台体保存差，大部分倒塌，仅存基础。台体平面呈圆角正方形，边长6米。台壁宽0.5、残高0.2~0.5米。（图二一；彩图二一）

水泉3号烽燧（150430353201020022）

该烽燧位于新惠镇水泉村西北0.55千米。烽燧修筑于视野开阔的山岗上，两侧连接长城墙体。东南距水泉2号烽燧0.137千米。

烽燧为石砌空心结构。台体保存差，大部分倒塌，仅存基础，四周散落少量石块。台体平面呈长方形，东西长12、南北长11米。台壁宽0.5、残高0.2~0.6米。（图二二）

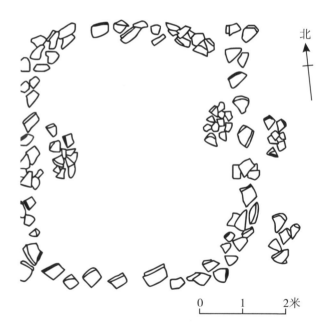

0　　1　　2米

图二一　水泉2号烽燧平面图

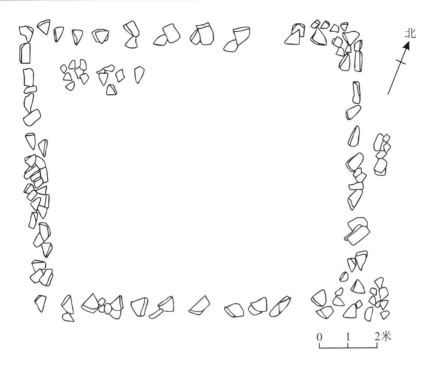

图二二　水泉3号烽燧平面图

36.小马连沟长城1段（1504303821 02020036）

该段长城起自新惠镇水泉村西北1.72千米，止于新惠镇小马连沟村南1.59千米。墙体修筑于山体上，沿山脊延伸，呈东北-西南走向。上接水泉长城，下接小马连沟长城2段。

墙体以自然山体为基础，石块砌筑而成。整体保存较差，墙体大部分基础清晰，底宽顶窄，砌筑细致。现存墙体底宽2~2.5、顶宽1.5、残高0.2~1米。墙体长1711.8米，其中，保存一般595.2米、较差1080米、消失36.6米，分别占该段墙体总长的35%、63%、2%。（彩图二二）

该段长城沿线调查2座烽燧，为小马连沟1号、2号烽燧。

小马连沟1号烽燧（150430353201020023）

该烽燧位于新惠镇小马连沟村东南1.69千米。烽燧修筑于陡峭的山顶上，两侧连接长城墙体。西南距小马连沟2号烽燧0.934千米。

烽燧为石砌空心结构。台体保存差，大部分倒塌，仅存基础轮廓。台体平面呈圆角长方形，东西长13、南北长9米。台壁宽0.5~1、残高0.2~0.6米。（图二三；彩图二三）

小马连沟2号烽燧（150430353201020024）

该烽燧位于新惠镇小马连沟村东南1.5千米。烽燧修筑于视野开阔的山顶上，两侧连接长城墙体。

烽燧为石砌空心结构。台体保存差，大部分倒塌，仅存基础，周围散落较多石块。台体平面呈圆形，外径8、内径7米。台壁砌筑规整，宽0.5、残高0.2~0.5米。（图二四）

37.小马连沟长城2段（15043038210202 0037）

该段长城起自新惠镇小马连沟村南1.59千米，止于小马连沟村西南1.45千米。墙体修筑于较缓的山体脊部，呈东南-西北走向。上接小马连沟长城1段，下接北沟长城。

墙体以自然山体为基础，石块垒砌而成。整体保存较差，墙体两侧用较大的石块砌筑，中间填以碎石。墙体大部分基础清晰，墙线明显，呈石垄状。墙体剖面呈梯形，底宽顶窄，砌筑细致。现存墙

北

0　　2　　4米

图二三　小马连沟1号烽燧平面图

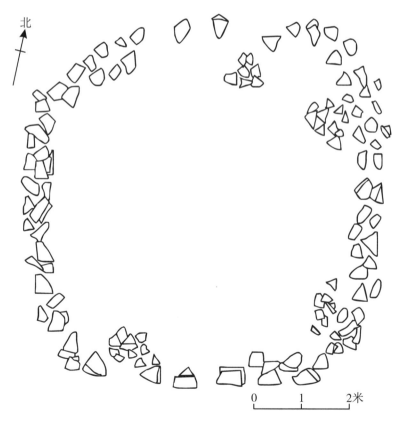

北

0　　1　　2米

图二四　小马连沟2号烽燧平面图

体底宽2~3、顶宽2、残高0.2~1米。墙体长1455米，其中，保存较差1400.9米、消失54.1米，分别占该段墙体总长的96%、4%。

该段长城沿线调查1座烽燧，为小马连沟3号烽燧。

小马连沟3号烽燧（150430353201020025）

该烽燧位于新惠镇小马连沟村南1.64千米。烽燧修筑于较高的山顶上，两侧连接长城墙体。东北距小马连沟2号烽燧0.735千米。

烽燧为石砌空心结构。台体保存差，大部分倒塌，只残存基础部分。台体内部被倒塌的石块填平，外侧壁面清晰整齐。台体平面呈长方形，东西长7、南北长11米。台壁宽1、残高0.2~0.8米。（图二五）

38.北沟长城（150430382102020038）

该段长城起自新惠镇北沟村东北1.2千米，止于北沟村北1千米。墙体修筑于平缓的山体脊部，呈东北-西南走向。上接小马连沟长城2段，下接赵管沟长城。

墙体以自然山体为基础，石块砌筑而成。墙体两侧用较大石块相互叠压砌筑，中间填充少量碎小石块。整体保存较差，墙体大部分基础清晰，底宽顶窄，砌筑规整。现存墙体底宽2~3.5、顶宽1.5~2.5、残高0.2~0.5米。墙体长828.4米。（彩图二四）

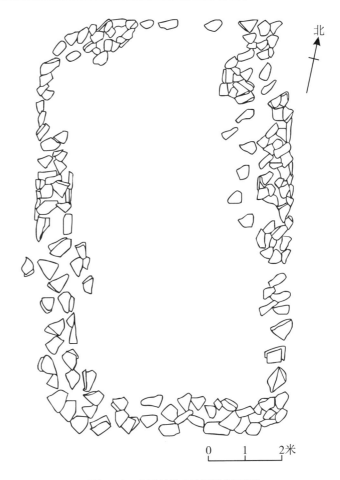

图二五 小马连沟3号烽燧平面图

39.赵管沟长城（150430382301020039）

该段长城起自新惠镇北沟村北1千米，止于赵管沟村西1.48千米。根据相邻段墙体走向分析判断，该段墙体大体原应呈东-西走向。上接北沟长城，下接辽宁省建平县境内长城。

该段长城为墙体消失段，起止点之间的直线长度为5440米。该段长城地处平缓的丘陵地带，地势起伏不大，冲沟发育明显，大部分区域被开垦成农田和林带。根据所处地理环境判断，该段墙体原应为土墙。

（二）赤峰市元宝山区

战国燕北长城在元宝山区境内总长23498米，分为25个调查段，包括石墙8段、土墙5段、河险1段、山险5段、山险墙1段、消失5段。其中，石墙保存一般162米、较差1985米、差2650米；土墙保存差，长5425米；河险长1000米；山险长6071米；山险墙长124米；消失6081米。长城沿线调查烽燧9座、障城5座。（地图六、参见地图三）

1.马家湾长城（150403382107020001）

该段长城起自辽宁省建平县马家湾村东0.06千米，止于赤峰市元宝山区美丽河镇冷水塘村东北1.4

千米。墙体大体呈东北-西南走向。上接辽宁省建平县境内长城，下接冷水塘长城1段。

该段长城跨越老哈河，为河险，长1000米。河岸两侧为村庄、道路、林地和农田等。

2.冷水塘长城1段（150403382101020002）

该段长城起自美丽河镇冷水塘村东北1.4千米，止于冷水塘村西北1千米。墙体修筑于老哈河西岸平缓的黄土丘陵地带，呈东北-西南走向。上接马家湾长城，下接冷水塘长城2段。

墙体以自然山体为基础，黄土夯筑而成。整体保存差，墙体呈低矮的土垄状。现存墙体底宽顶窄，剖面呈梯形，底宽9、顶宽5、残高0.5~0.8米。（图四八；彩图二五）墙体长843米，其中，保存差604米、消失239米，分别占该段墙体总长的72%、28%。

该段长城沿线调查障城1座，为城子山障城。

城子山障城（150403353102020001）

该障城位于美丽河镇山湾子村西南0.26千米、长城墙体西北侧。修筑于老哈河南岸视野开阔的台地顶部。东南距长城墙体1.1千米。

这座战国时期的障城修筑于青铜时代夏家店下层文化的山城上，东侧为陡坡，西侧山坡下是沟谷地带。障城平面呈长方形，东西长50、南北长100米。整体保存差，障城内、外为弃耕荒地，仅存低矮的土筑障墙，其他遗迹不明显。障墙用黄土夯筑而成，夯层厚0.1~0.15米。障墙底宽6~7、顶宽0.5~1、残高0.3~1.5米。南墙中部辟门，门道宽9米，有瓮城，现瓮城模糊不清。障城北墙外侧有一道壕沟，残长22、宽3米。（图二六）

3.冷水塘长城2段（150403382301020003）

该段长城起自美丽河镇冷水塘村西北1千米，止于冷水塘村西1.8千米。根据相邻段墙体走向分析判断，该段墙体大体原应呈东北-西南走向。上接冷水塘长城1段，下接冷水塘长城3段。

该段长城为墙体消失段，起止点之间的直线长度为1700米。该段长城所处为大面积修建的蔬菜大棚，将墙体完全破坏。根据所处地理环境判断，该段墙体原应为土墙。

4.冷水塘长城3段（150403382101020004）

该段长城起自美丽河镇冷水塘村西1.8千米，止于美丽河镇三家村东北3千米。墙体修筑于平缓的丘陵地带，呈东北-西南走向。上接冷水塘长城2段，下接三家长城1段。

墙体为自然基础，黄土夯筑而成。整体保存差，墙体呈土垄状，时隐时现。现存墙体宽6~8、残高0.8~1.2米。墙体长1688米。墙体周边多为耕地，有多条冲沟。因墙体土质较硬，部分地段被当地村民利用为土路。

5.三家长城1段（15040 3382101020005）

该段长城起自美丽河镇三家村东北3千米，止于三家村东北2.2千米。墙体修筑于地势平缓地带，大体呈东北-西南走向。上接冷水塘长城3段，下接三家长城2段。

墙体为自然基础，黄土夯筑而成。整体保存差，墙体呈土垄状，土质较硬。墙体底宽顶窄，剖面呈梯形。现存墙体底宽4~6、顶宽1~3、残高0.2~1.5米。墙体长803米，其中，保存差626米、消失177米，分别占该段墙体总长的78%、22%。墙体周边耕地、林地交错，部分地段墙体顶部被修筑成便道。（彩图二六）

6.三家长城2段（15040 3382301020006）

该段长城起自美丽河镇三家村东北2.2千米，止于三家村东南1.7千米。根据相邻段墙体走向分析判断，该段墙体大体原应呈东北-西南走向。上接三家长城1段，下接朝阳沟长城1段。

该段长城为墙体消失段，起止点之间的直线长度为1600米。该段长城所处为大面积的林地和耕

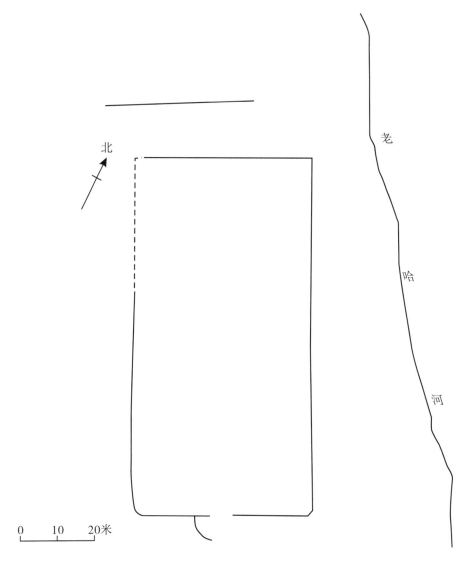

北

老

哈

河

0　　10　　20米

图二六　城子山障城平面图

地，墙体被完全损毁。

7.朝阳沟长城1段（150403382102020007）

该段长城起自美丽河镇朝阳沟村西北1.5千米，止于朝阳沟村西1.7千米。墙体修筑于丘陵地带，沿山脊分布，大体呈东北-西南走向。上接三家长城2段，下接朝阳沟长城2段。

墙体以自然山体为基础，石块砌筑而成。墙体两侧用较大的石块垒砌，中间填充碎石和红砂土。整体保存较差，墙体底宽顶窄，剖面呈梯形。现存墙体底宽2.5、顶宽1.5~2、残高0.5米。墙体长645米，其中，保存较差350米、差278米、消失17米，分别占该段墙体总长的54%、44%、2%。（图二七）

8.朝阳沟长城2段（150403382101020 008）

该段长城起自美丽河镇朝阳沟村西1.7千米，止于朝阳沟村西南2.2千米。墙体修筑于地势平缓的山地上，呈东北-西南走向。上接朝阳沟长城1段，下接朝阳沟长城3段。

墙体以自然为基础，夯筑而成，夯层不明显，土质较硬，夯土呈黑色。整体保存差，墙体呈土垄

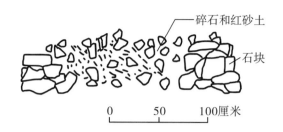

图二七　朝阳沟长城1段剖面图

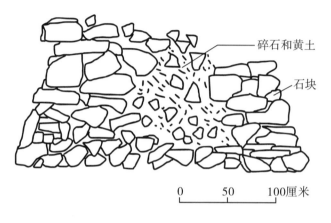

图二八　朝阳沟长城3段剖面图

状，剖面略呈梯形。现存墙体底宽约4、顶宽3、残高0.5米。墙体长856米，其中，保存差799米、消失57米，分别占该段墙体总长的93%、7%。由于水土流失严重，有一条较宽的冲沟将部分墙体冲毁，冲沟一侧有一条乡村土路穿越墙体。墙体沿线采集少量陶片，均为泥质灰陶，器表饰有绳纹，火候较高，器形为罐的底部。

9.朝阳沟长城3段（150403382102020 009）

该段长城起自美丽河镇朝阳沟村西南2.2千米，止于美丽河镇盆子窑村西北2.9千米。墙体由山底向低缓的山顶延伸，呈东北-西南走向。上接朝阳沟长城2段，下接盆子窑长城。

墙体以自然山体为基础，石块砌筑而成。大部分墙体两侧用较大的石块砌筑，中间填以碎石和黄土，部分墙体用石块相互叠压砌筑而成。整体保存较差。墙体底宽顶窄，剖面呈梯形。现存墙体底宽约3.5、顶宽约2.5、残高0.5~1.6米。墙体长1350米，其中，保存一般162米、较差548米、差626米、消失14米，分别占该段墙体总长的12%、41%、46%、1%。（图二八；彩图二七）

该段长城沿线调查障城1座，为朝阳沟障城。

朝阳沟障城（1504033353102020003）

该障城位于美丽河镇朝阳沟村西南2.3千米，修筑于平缓的山顶上。北距长城墙体0.027千米。

障城石砌而成。平面呈长方形，东西长18、南北长16米。障墙宽约1.5、残高0.1~0.4米。整体保存差，障墙大部分坍塌，甚或消失，基础不明显。障城内、外散落大量石块，其他遗迹不明显。（图二九；彩图二八）

10.盆子窑长城（1504033821020 20010）

该段长城起自美丽河镇盆子窑村西北2.9千米，止于美丽河镇砖瓦窑村北1.5千米。墙体修筑于平缓的山梁上，随山势由高向低延伸，大体呈东北-西南走向。上接朝阳沟长城3段，下接砖瓦窑长城1段。

墙体以自然山体为基础，石块砌筑而成。大部分墙体为石块相互叠压砌筑，小部分墙体两侧用较大的石块砌筑，中间填以碎石和黄土。整体保存较差，墙体呈石垄状，剖面清晰呈梯形。现存墙体底宽2~2.5、顶宽1.5~2、残高0.4~1米。墙体长1035米，其中，保存较差433米、差553米、消失49米，分别占该段墙体总长的42%、53%、5%。（彩图二九）

11.砖瓦窑长城1段（1504033382301020011）

该段长城起自美丽河镇砖瓦窑村北1.5千米，止于砖瓦窑村北1.4千米。墙体大体原应呈东北-西南走向。上接盆子窑长城，下接砖瓦窑长城2段。

该段长城为墙体消失段，起止点之间直线长度为157米。该段长城地处人工林地，地表遗迹消失。

12.砖瓦窑长城2段（1504033382102030012）

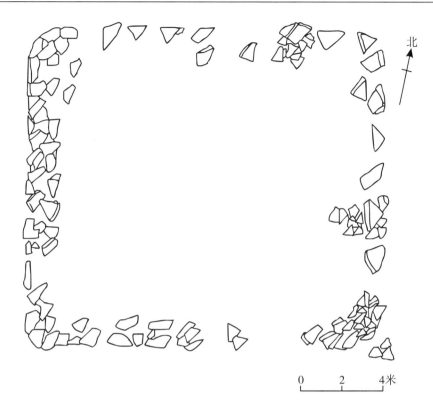

图二九 朝阳沟障城平面图

该段长城起自美丽河镇砖瓦窑村北1.4千米，止于砖瓦窑村西北1.4千米。墙体沿地势平缓的山脊延伸，呈东-西走向。上接砖瓦窑长城1段，下接砖瓦窑长城3段。

墙体以自然山体为基础，石块砌筑而成。墙体两侧用大石块砌筑，中间填以较小的石块或黄沙土。整体保存较差，墙体大部分倒塌，呈低矮的石垄状，两侧散落较多石块。墙体底宽顶窄，剖面呈梯形。现存墙体底宽2~3、顶宽0.6~1.5、残高0.5~0.6米。墙体长347米。（彩图三〇）

该段长城沿线调查障城1座，为砖瓦窑1号障城。

砖瓦窑1号障城（150403353102020004）

该障城位于美丽河镇砖瓦窑村北1.4千米、长城墙体南侧。修筑于平缓的山体顶部，周围为高低起伏的丘陵，三面环山。北距长城墙体0.04千米。

障城石砌而成。平面呈长方形，东西长19、南北长16米。整体保存差，仅存低矮的障墙。墙体基础不明显，宽1.2、残高0.2~0.9米。障城内不见任何遗迹，地表采集有筒瓦残片，为泥质灰陶，器表饰有绳纹。（图三〇；彩图三一）

13.砖瓦窑长城3段（150403 382101020013）

该段长城起自美丽河镇砖瓦窑村西北1.4千米，止于山前镇谢家营子村东南1.7千米。墙体修筑于平缓的山脊上，呈东北-西南走向。上接砖瓦窑长城2段，下接谢家营子长城1段。

墙体以自然山体为基础，黄砂土夯筑而成，土质较硬，夯层不清。整体保存差，墙体呈土垄状，大部分墙体顶部被当地居民利用成一条小路。墙体剖面略呈梯形，现存墙体底宽2~3、顶宽0.5~1、残高0.5~0.8米。墙体长1074米，其中，保存差1020米、消失54米，分别占该段墙体总长的95%、5%。

该段长城沿线调查障城1座，为砖瓦窑2号障城。

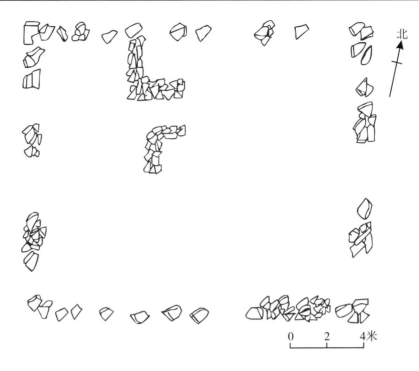

图三〇　砖瓦窑1号障城平面图

砖瓦窑2号障城（1504033353102020002）

该障城位于山前镇砖瓦窑村西北1.1千米，北距长城墙体0.37千米。

障城用黄土夯筑而成。平面呈近长方形，东西长206、南北长200米。整体保存差，仅存低矮的障墙。障墙底宽14、顶宽5~6、残高约1米，夯层厚0.1~0.2米。障城门修筑于南墙中部，距东墙89米。障城内被开垦成农田，散落大量遗物，多为泥质灰陶，饰有绳纹，有较多筒瓦等建筑构件。（图三一；彩图三二）

14.谢家营子长城1段（1504033382101020014）

该段长城起自小五家镇谢家营子村东南1.7千米，止于谢家营子村东南1.3千米。墙体修筑于起伏的丘陵地带，呈东北-西南走向。上接砖瓦窑长城3段，下接谢家营子长城2段。

墙体以自然山体为基础，红砂土夯筑而成，夯层不清晰，土质较硬。整体保存差，墙体呈低矮的土垄状。现存墙体底宽2~5、顶宽0.5~2、残高0.5~0.8米。墙体长745米，其中，保存差688米、消失57米，分别占该段墙体总长的92.3%、7.7%。该段长城部分消失段地表有明显黑土带，为墙体遗迹。

15.谢家营子长城2段（15040338210202 0015）

该段长城起自小五家镇谢家营子村东南1.3千米，止于谢家营子村南1.3千米。墙体修筑于高低起伏的丘陵地带，沿山脊分布，呈东北-西南走向。上接谢家营子长城1段，下接谢家营子长城3段。

墙体以自然山体为基础，石块砌筑而成。墙体两侧用较大的石块砌筑，中间夹以碎小石块和黄土。整体保存较差，墙体呈石垄状，部分墙体基础清晰，砌筑整齐；部分墙体坍塌，地表散落较多石块，基础不清晰。墙体剖面略呈梯形。现存墙体宽1.5~2.5、残高0.2~0.5米。墙体长534米，其中，保存较差307米、差227米，分别占该段墙体总长的57%、43%。（彩图三三）

该段长城沿线调查烽燧1座，为谢家营子1号烽燧。

谢家营子1号烽燧（150403353201020 001）

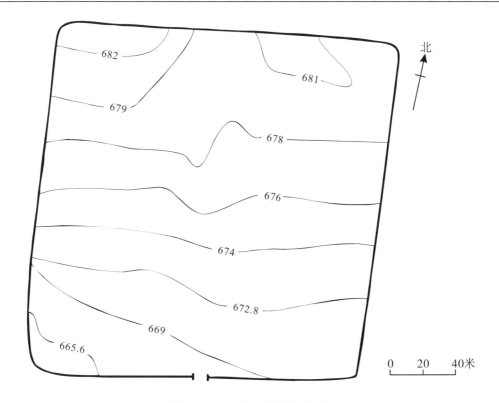

图三一　砖瓦窑2号障城平面图

该烽燧位于谢家营子村东南1.4千米。烽燧修筑于视野开阔的山岗上，两侧连接长城墙体。西南距谢家营子2号烽燧0.107千米。

烽燧为石砌空心结构。台体保存差，已倒塌，呈低矮的石丘状堆积，石块散落。台体平面呈椭圆形，长径7、短径6米。台壁宽1、残高0.5~0.8米。（图三二）

16.谢家营子长城3段（150403382106020016）

该段长城起自谢家营子村南1.3千米，止于谢家营子村西南2.1千米。大体呈东北–西南走向。上接谢家营子长城2段，下接谢家营子长城4段。

该段长城为山险，长1012米。利用险峻的山势作为屏障，形成一道天然墙体，山体蜿蜒起伏，坡度较大，未发现人工砌筑的墙体。

该段长城沿线调查3座烽燧，为谢家营子2~4号烽燧。

谢家营子2号烽燧（150403353201020002）

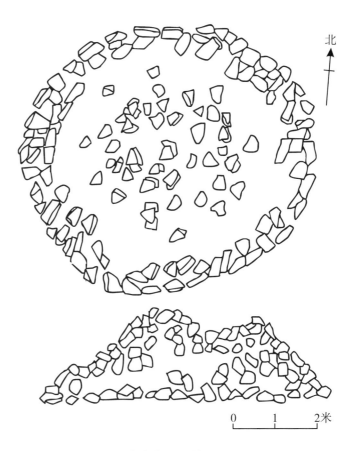

图三二　谢家营子1号烽燧平、立面图

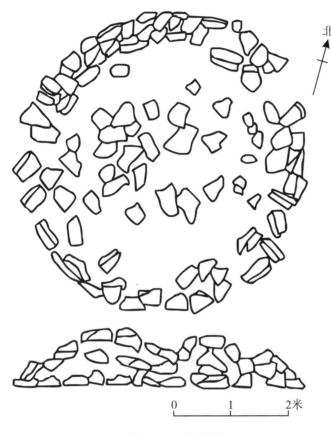

北

图三三　谢家营子2号烽燧平、立面图

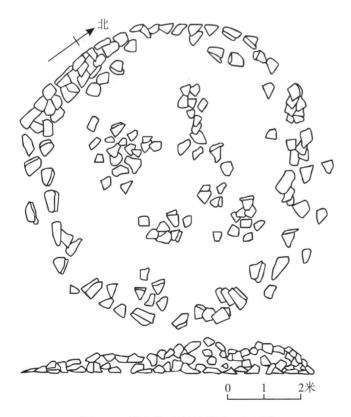

北

图三四　谢家营子3号烽燧平、立面图

该烽燧位于美丽河镇砖瓦窑村西北2.5千米。烽燧修筑于视野开阔的山岗上。东北距谢家营子1号烽燧0.107千米，西距谢家营子3号烽燧0.046千米。

烽燧为石砌空心结构。台体保存差，已坍塌，仅存基础，石块大多散落于台体内，呈石丘状堆积。台体平面呈圆形，直径5米。台壁宽1、残高0.6~1米。（图三三；彩图三四）

谢家营子3号烽燧（1504033532010200 03）

该烽燧位于美丽河镇砖瓦窑村西北2.6千米。烽燧修筑于地势较高的山岗上。东北距谢家营子2号烽燧0.046千米，西距谢家营子4号烽燧0.581千米。

烽燧为石筑空心结构。台体保存差，已坍塌，仅存基础，石块大多散落于台体内，呈石丘状堆积。台体平面呈圆形，直径8米。台壁宽0.8、残高0.1~1米。（图三四）

谢家营子4号烽燧（1504033532010200 04）

该烽燧位于美丽河镇砖瓦窑村西2.8千米。烽燧修筑于视野开阔的山顶上。东北距谢家营子3号烽燧0.581千米，西南距房身障城1.6千米。

烽燧为石砌空心结构。台体保存差，已坍塌，仅存基础。台体平面呈圆形，直径6米。台壁砌筑整齐，轮廓明显。台壁宽0.8、残高0.1~0.6米。（图三五）

17.谢家营子长城4段（15040338210502 0017）

该段长城起自谢家营子村西南2.1千米，止于谢家营子村西南2.2千米。呈东北-西南走向。上接谢家营子长城3段，下接房身长城。

该段长城为山险墙，长124米。大部分利用自然的险峻山势，人工砌筑的墙体很少，仅出现在两山之间的低凹处，用较大的石块相互叠压、稍加修整而成。墙体整体保存差，大部分倒塌，仅存部分基础。墙体底宽1~2.5、顶宽1~2.2、残高0.2~0.5米。

18.房身长城（1504033821060200 18）

该段长城起自小五家镇房身村东南1.8千米，止于房身村东南3.4千米。上接谢家营子长城4段，下接乌兰乌苏长城。

该段长城为山险，长2349米。利用陡峭的山体作为天然屏障，山势险峻，山体蜿蜒起伏，坡度较大，未发现人工砌筑的墙体。（彩图三五）

该段长城沿线调查烽燧、障城各1座，为房身烽燧、房身障城。

房身烽燧（1504033532010200 05）

该烽燧位于小五家镇房身村东南3.3千米。烽燧修筑于地势较高的山岗顶部，北距房身障城0.817千米。

烽燧为石砌空心结构。台体保存差，已坍塌，呈圆形石丘状堆积。台体平面呈圆形，直径5米。台壁宽0.8、残高0.1~0.5米。（图三六；彩图三六）

房身障城（1504033531020200 05）

该障城位于小五家镇乌兰乌苏村东南1.5千米，修筑于地势较高的山岗顶部。北距长城墙体0.058千米。

障城石筑而成。平面呈近圆形，直径17米。整体保存差，结构形制不清晰，仅存低矮的障墙，基础明显。现存障墙宽约1、残高0.5~1.5米。障城内外散落大量石块，障城外北侧和东北侧保存有三处半圆形护坡。（图三七；彩图三七）地表散落大量陶片，为泥质红陶、泥质褐陶、夹砂褐陶等，器表纹饰有绳纹、附加堆纹等，器形大部分不可辨。有的陶片属于夏家店下层文化，有的陶片属于战国时期。

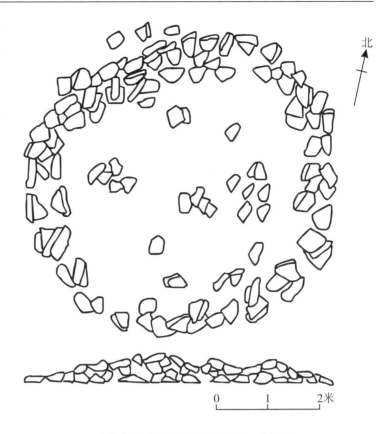

北

0 1 2米

图三五 谢家营子4号烽燧平、立面图

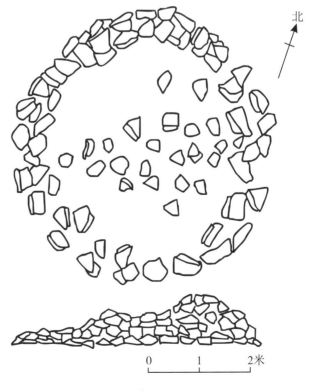

北

0 1 2米

图三六 房身烽燧平、立面图

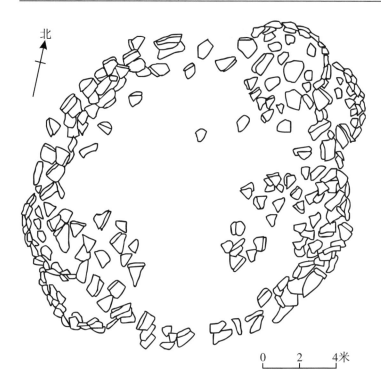

图三七　房身障城平面图

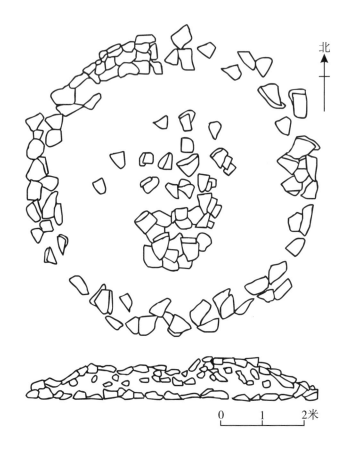

图三八　乌兰乌苏1号烽燧平、立面图

19.乌兰乌苏长城（1504033821060 20019）

该段长城起自小五家镇乌兰乌苏村东南2.3千米，止于乌兰乌苏村南2.7千米。大致呈东北-西南走向。上接房身长城，下接大营子长城。

该段长城为山险，长1257米。以陡峭的山体作为天然屏障，蜿蜒起伏，未见人工砌筑的墙体。两侧山坡陡峭，山体脊部基岩裸露。（彩图三八）

该段长城沿线调查烽燧2座，为乌兰乌苏1号、2号烽燧。

乌兰乌苏1号烽燧（1504033532010 20006）

该烽燧位于小五家镇乌兰乌苏村东南2.2千米。烽燧修筑于地势较高的山岗上，西南距乌兰乌苏2号烽燧1千米。

烽燧为石砌空心结构。台体保存差，已坍塌，仅存基础。台体平面呈圆形，直径7米。台壁砌筑整齐，轮廓明显。台壁宽约1、残高1.1米。（图三八；彩图三九）

乌兰乌苏2号烽燧（1504033532010 20007）

该烽燧位于小五家镇乌兰乌苏村南2.7千米。烽燧修筑于地势较高的山岗上。

烽燧为石砌空心结构。台体保存差，已坍塌，仅存基础。台体平面呈正方形，边长6米。台壁宽约0.8、残高0.3~0.6米。（图三九）

20.大营子长城1段（150403382106 020020）

该段长城起自小五家镇大营子村东南2.9千米，止于大营子村东南3千米。大体呈东北-西南走向。上接乌兰乌苏长城，下接大营子长城2段。

该段长城为山险，长476米。利用险峻的山势作为天然屏障，未见人工

图三九　乌兰乌苏2号烽燧平、立面图

米。大致呈东北-西南走向。上接大营子长城2段，下接中窑沟长城1段。

该段长城为山险，长977米。利用险峻的山势作为天然屏障，山体坡度较大，蜿蜒起伏。山体基岩裸露，不见人工砌筑的墙体。

该段长城沿线调查烽燧1座，为大营子烽燧。

大营子烽燧（1504033553201020008）

该烽燧位于小五家镇大营子村东南3.1千米。烽燧修筑于地势较高的山岗上。

烽燧为石砌空心结构。台体保存差，已坍塌，仅存基础，轮廓明显。台体平面呈圆形，直径6米。台壁宽1、残高0.3~1米。烽燧南、北侧有四处护坡，石块砌筑而成，较整齐，呈半圆形，每处护坡宽约1.5米。（图四〇；彩图四一）

23.中窑沟长城1段（1504033823010200 23）

该段长城起自小五家镇中窑沟村东北1.9千米，止于中窑沟村东北1.9千米。根据相邻段墙体走向分析判断，该段墙体大体原应呈北-南走向。上接大营子长城3段，下接中窑沟长城2段。

砌筑的墙体。山体坡度较大，蜿蜒起伏。（彩图四〇）部分地段由于采矿山体遭到严重破坏，开挖形成大面积的矿坑。

21.大营子长城2段（150403382102020 021）

该段长城起自小五家镇大营子村东南3千米，止于大营子村东南3.1千米。墙体修筑于山脊上，沿山脊向山顶延伸，呈东北-西南走向。上接大营子长城1段，下接大营子长城3段。

墙体以自然山体为基础，石块砌筑而成。整体保存差，墙体形制结构破坏无存，基础不清晰，隐约可见较多的石块散落。现存墙体底宽1.5~2、残高0.2~0.3米。墙体长173米。

22.大营子长城3段（15040338210 6020 022）

该段长城起自小五家镇大营子村东南3.1千米，止于小五家镇中窑沟村东北1.9千

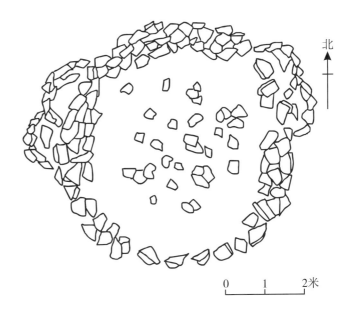

图四〇　大营子烽燧平面图

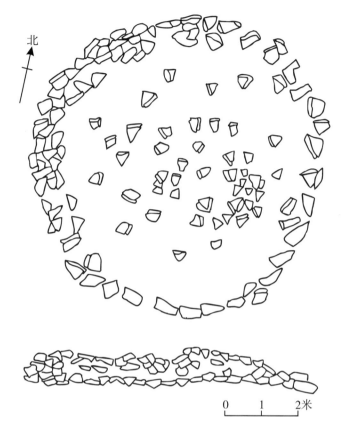

图四一　中窑沟烽燧平、立面图

该段长城为墙体消失段，起止点之间的直线长度为660米。该段长城地处山坡下较低洼处。根据所处地理环境判断，该段墙体原应为土墙。

24.中窑沟长城2段（150403382102020024）

该段长城起自小五家镇中窑沟村东北1.9千米，止于中窑沟村东南2千米。墙体修筑于山岗的缓坡上，由坡底逐渐向山顶延伸，呈东–西走向。上接中窑沟长城1段，下接中窑沟长城3段。

墙体以自然山体为基础，石块砌筑而成。部分墙体两侧用较大的石块砌筑，中间填以碎小的石块。整体保存差，墙体大部分损毁严重，形制结构不清晰，地表散落大量石块，呈带状分布。现存墙体底宽2~2.5、残高0.2~0.4米。墙体长793米。（图六八；彩图四二）

该段长城沿线调查烽燧1座，为中窑沟烽燧。

中窑沟烽燧（150403353201020009）

该烽燧位于小五家镇中窑沟村东1.7千米。烽燧修筑于地势较高的山岗上，两侧连接长城墙体。

烽燧为石砌空心结构。台体保存差，已坍塌，石块大部分散落地表，仅存基础，轮廓明显。台体平面呈圆形，直径8米。台壁宽约1、残高0.2~0.8米。（图四一；彩图四三）

25.中窑沟长城3段（150403382301020025）

该段长城起自小五家镇中窑沟村东南2千米，止于中窑沟村东南2.6千米。根据相邻段墙体走向分析判断，该段墙体大体原应呈东–西走向。上接中窑沟长城2段，下接喀喇沁旗境内的杨家窝铺长城1段。

该段长城为墙体消失段，起止点之间的直线长度为1300米。该段长城地处山体的缓坡处，为大面积林地。根据所处地理环境判断，该段墙体原应为土墙。

（三）赤峰市喀喇沁旗

战国燕北长城在喀喇沁旗境内总长18842米，分为14个调查段，包括石墙4段、土墙5段、山险4段、消失1段。其中，石墙保存差，长1974米；土墙保存较差416米、差3091米；山险长5009米；消失8352米。长城沿线调查烽燧6座、障城6座。（参见地图四）

1.杨家窝铺长城（150428382101020001）

该段长城起自楼子店乡杨家窝铺村西北2.1千米，止于杨家窝铺村西北2.2千米。墙体修筑于起伏的黄土丘陵地带，呈东北-西南走向。上接元宝山区境内的中窑沟长城3段，下接林家地长城。

墙体以自然山体为基础，黄土夯筑而成。整体保存差，由于年代久远，风雨侵蚀严重，墙体呈低矮的土垄状。墙体剖面呈梯形，现存墙体底宽2~3、顶宽约1、残高0.2~0.5米。墙体长1269米，其中，保存较差69米、差668米、消失532米，分别占该段墙体总长的5%、53%、42%。因水土流失而形成的多条沟谷穿过墙体。（彩图四四）该段长城沿线采集磨制单刃石斧一件。

2.林家地长城（150428382101020002）

该段长城起自楼子店乡林家地村西北1.4千米，止于林家地村西南1.9千米。墙体修筑于起伏的黄土丘陵地带，呈东北-西南走向。上接杨家窝铺长城，下接二道营子长城。

墙体以自然山体为基础，黄土夯筑而成。整体保存差，由于风雨侵蚀严重，墙体呈低矮的土垄状。现存墙体剖面呈梯形，底宽2~3、顶宽约1、残高0.2~0.5米。墙体长1955米，其中，保存差1350米、消失605米，分别占该段墙体总长的69%、31%。（彩图四五）该段长城所处地段水土流失严重，冲沟发育，纵横交错，对墙体的危害较大。

3.二道营子长城（150428382301020003）

该段长城起自楼子店乡二道营子村东北1.4千米，止于二道营子村西北6.9千米。根据相邻段墙体走向分析判断，该段墙体大体原应呈东南-西北走向。上接林家地长城，下接刘家店长城1段。

该段长城为墙体消失段，起止点之间的直线长度为6900米。该段长城地处两条山脉之间的平原地带，地势由高向低变化，逐渐趋于平缓，所处区域建有村庄，大部分种植有人工林，开垦有大片农田。根据所处地理环境判断，该段墙体原应为土墙。

4.刘家店长城1段（150428382102020004）

该段长城起自楼子店乡刘家店村东1.1千米，止于刘家店村东0.53千米。墙体修筑于险峻的山脊上，沿山脊延伸，呈东-西走向。上接二道营子长城，下接刘家店长城2段。

墙体以自然山体为基础，石块砌筑而成。整体保存差，墙体大部分倒塌，仅存基础，呈低矮的石垄状。墙体底宽顶窄，剖面呈梯形。现存墙体底宽2~3、顶宽1~1.5、残高0.2~0.7米。墙体长545米。（彩图四六）

该段长城沿线调查烽燧2座，为刘家店1号、2号烽燧。

刘家店1号烽燧（150428353201020001）

该烽燧位于楼子店乡刘家店村东1.1千米。烽燧修筑于高山顶上，两侧连接长城墙体。西北距刘家店2号烽燧0.004千米。

烽燧为石砌空心结构。台体保存差，仅存基础，四周散落大量石块。台体平面呈圆形，直径8米。台壁宽约0.8、残高0.2~0.4米。（图四二）

刘家店2号烽燧（150428353201020002）

该烽燧位于楼子店乡刘家店村东1.1千米。烽燧修筑于高山顶上，两侧连接长城墙体。

烽燧为石砌空心结构。台体保存差，仅存基础，四周散落大量石块。台体平面呈圆形，直径6米。台壁宽约0.8、残高0.2~0.6米。（图四三）

5.刘家店长城2段（150428382101020005）

该段长城起自楼子店乡刘家店村东0.53千米，止于刘家店村西北0.043千米。墙体修筑于平缓的山体半腰处，逐渐向下延伸，大体呈东-西走向。上接刘家店长城1段，下接刘家店长城3段。

墙体以自然山体为基础，黄土夯筑而成。整体保存差，墙体大部分倒塌，呈低矮的土垄状。部分墙体消失，仅存一条黑土带。现存墙体底宽2~3、顶宽约2、残高0.2~0.5米。墙体长540米，其中，保存

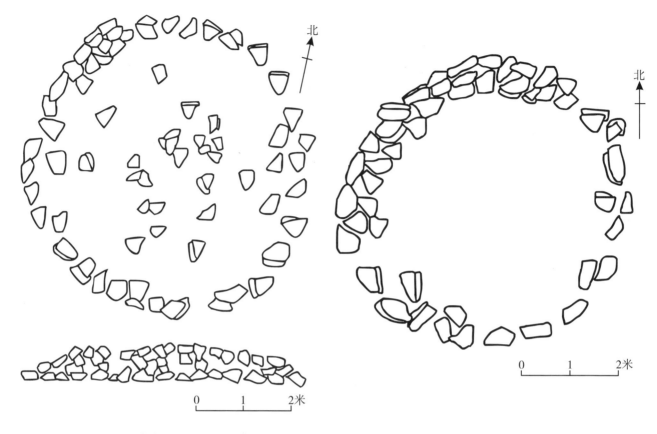

图四二　刘家店1号烽燧平、立面图　　　　　　图四三　刘家店2号烽燧平面图

差340米、消失200米，分别占该段墙体总长的63%、37%。

该段长城沿线调查障城1座，为刘家店1号障城。

刘家店1号障城（150428353102020001）

该障城位于楼子店乡刘家店村东北0.21千米，修筑于山地丘陵向平原过渡地带，北距长城墙体0.026千米。

障城土筑而成。平面略呈正方形，边长约100米。障墙大部分接近消失，仅有少部分保存有明显痕迹，残存最高0.2米。南墙中部有一豁口，应为门址所在，宽21米。障城内散落有少量陶片，大部分为泥质灰黑陶，饰有绳纹。（图四四）

6.刘家店长城3段（1504283821060 20006）

该段长城起自楼子店乡刘家店村西北0.043千米，止于刘家店村西南0.21千米。大体呈东北-西南走向。上接刘家店长城2段，下接刘家店长城4段。

该段长城为山险，长189米。所处区域为起伏较大的山地丘陵地貌，山势险峻，不见人工砌筑的墙体。

7.刘家店长城4段（1504283821020 20007）

该段长城起自楼子店乡刘家店村西南0.21千米，止于刘家店村西南0.58千米。墙体修筑于山地丘陵地带，沿山脊分布，呈东南-西北走向。上接刘家店长城3段，下接刘家店长城5段。

墙体以自然山体为基础，石块砌筑而成。整体保存差，墙体大部分倒塌，仅存基础，时断时续。现存墙体底宽2~3、顶宽1.5、残高0.2~0.5米。墙体长365米。

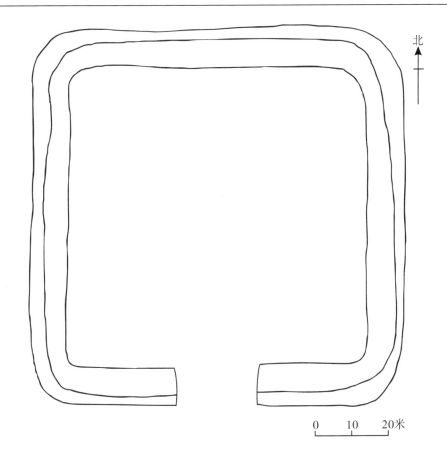

图四四　刘家店1号障城平面图

该段长城沿线调查烽燧1座，为刘家店3号烽燧。

刘家店3号烽燧（150428353201020003）

该烽燧位于楼子店乡刘家店村西南0.58千米。烽燧修筑于高山顶上，两侧连接长城墙体。东北距刘家店2号烽燧1.7千米，西南距刘家店4号烽燧0.308千米。

烽燧为石砌空心结构。台体保存差，仅存基础，四周散落大量石块。台体平面呈圆形，直径5米。台壁宽0.6、残高0.1~0.4米。（彩图四七）

8.刘家店长城5段（150428382106020008）

该段长城起自楼子店乡刘家店村西南0.58千米，止于刘家店村西南1.3千米。大体呈东南–西北走向。上接刘家店长城4段，下接槟榔沟长城1段。

该段长城为山险，长1100米。周围为起伏较大的山地丘陵，山势险峻，不见人工砌筑的墙体。

该段长城沿线调查烽燧和障城各1座，为刘家店4号烽燧、刘家店2号障城。

刘家店4号烽燧（150428353201020004）

该烽燧位于楼子店乡刘家店村西北0.83千米。烽燧修筑于高山顶上，两侧连接长城墙体。东南距刘家店3号烽燧0.308千米。

烽燧为石砌空心结构。台体保存差，仅存基础，四周散落大量石块。台体平面呈圆形，直径8米。台壁宽0.8、残高0.5米。（图四五）

刘家店2号障城（150428353102020002）

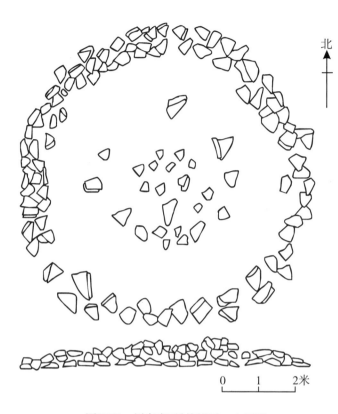

图四五　刘家店4号烽燧平、立面图

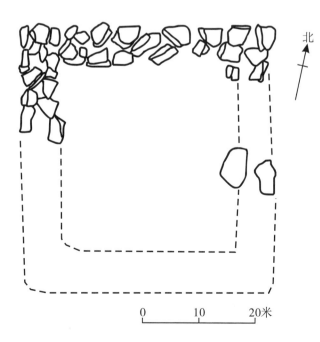

图四六　刘家店2号障城平面图

该障城位于楼子店乡刘家店村西南1.1千米，修筑于较高的山岗顶部，西距刘家店长城5段0.168千米。

障城石筑而成。平面呈正方形，边长45米。整体保存差，障墙大部分倒塌，仅存部分基础。现存障墙宽0.8、残高0.5米。障城外散落有少量陶片，多为泥质灰黑陶，饰有绳纹。（图四六；彩图四八）

9.槟榔沟长城1段（15042838210102000009）

该段长城起自楼子店乡槟榔沟村西北0.39千米，止于槟榔沟村东北0.04千米。墙体修筑于高山顶部和坡地中，呈西北-东南走向。上接刘家店长城5段，下接槟榔沟长城2段。

墙体以自然山体为基础，黄土夯筑而成。整体保存差，由于多年风霜雨雪，墙体损毁严重，呈低矮的土垄状，稍高于两侧地表。现存墙体底宽3~4.5、顶宽1、残高0.2~0.5米。部分墙体消失，仅在地表保存有少量黑土带，指示出墙体的原始走向，黑土带宽2~3米。墙体长413米，其中，保存差368米、消失45米，分别占该段墙体总长的89%，11%。

该段长城沿线调查障城1座，为槟榔沟1号障城。

槟榔沟1号障城（150428353102020003）

该障城位于楼子店乡槟榔沟村西北0.07千米。修筑于平缓的丘陵上，紧邻长城墙体。

障城土筑而成。平面呈正方形，边长60米。障城内、外被开垦成农田和防护林带。整体保存差，仅存小部分低矮的障墙，稍高于周围地表。现存障墙宽3、残存最高0.3米。障城内采集的遗物有陶片，为泥质灰陶，火候较高，器表饰有绳纹，器形无法辨认。

10.槟榔沟长城2段（15042838210602000010）

该段长城起自楼子店乡槟榔沟村东北0.04千米，止于槟榔沟村西南2.7千米。大体呈东北-西南走向。上接槟榔沟长城1段，下接姜家湾长城1段。

该段长城为山险，长3000米。山势时而险峻，时而平缓，山体基岩裸露，起伏较大，不见人工砌筑的墙体。山体多处遭开采的矿坑破坏。

该段长城沿线调查障城1座，为槟榔沟2号障城。

槟榔沟2号障城（150428353102020004）

该障城位于楼子店乡槟榔沟村西南1.2千米。修筑于较高的山岗顶部。西距槟榔沟长城0.012千米。

障城用石块砌筑而成。平面呈不规则四边形，北墙12.5、南墙9.5、东墙11、西墙11米。整体保存差，仅存低矮的障墙。现存障墙宽1.5~1.8、残高0.7~1米。门址不清。障城外散落有少量陶片，多为泥质灰黑陶，饰有绳纹。（图四七；彩图四九）

11.姜家湾长城1段（150428382102020011）

该段长城起自楼子店乡槟榔沟村西南2.7千米，止于十家满族乡姜家湾村北1.6千米。墙体修筑于山地丘陵地带，沿山脊分布，呈东–西走向。上接槟榔沟长城2段，下接姜家湾长城2段。

墙体以自然山体为基础，石块砌筑而成。墙体两侧用较大的石块垒砌，中间填充碎小石块。整体保存差，墙体大部分坍塌，呈凸起的石垄状。现存墙体剖面略呈梯形，底宽0.5~2、残高0.2~0.6米。墙体长874米。

该段长城沿线调查烽燧和障城各1座，为姜家湾1号烽燧、姜家湾1号障城。

姜家湾1号烽燧（150428353201020005）

该烽燧位于十家满族乡姜家湾村东北1.8千米。烽燧修筑于山体的鞍部。西南距姜家湾2号烽燧0.51千米。

烽燧为石砌空心结构，北壁利用长城墙体。台体保存差，仅存基础，四周散落大量石块。台体平

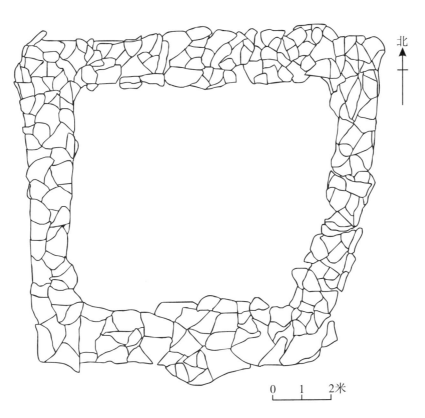

图四七　槟榔沟2号障城平面图

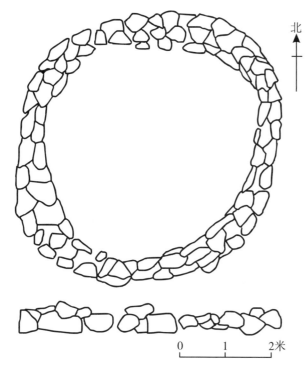

图四八　姜家湾1号烽燧平面图

面呈圆形，直径5.5米。台壁宽0.8、残高0.5米。（图四八）

姜家湾1号障城（150428353102020005）

该障城位于十家满族乡姜家湾村北1.6千米。修筑于较高的山岗上。西北距长城墙体0.047千米。

障城用石块砌筑而成。平面呈长方形，东西长19、南北长9米。整体保存差。现存障墙宽2、残高0.8~1.5米。门址不清。障城内、外散落有大量石块，应为障墙倒塌所致。障城外散落有少量陶片，多为泥质灰黑陶，饰有绳纹。采集磨制单刃石刀一件。（图四九；彩图五〇）

12.姜家湾长城2段（150428382106020012）

该段长城起自十家满族乡姜家湾村北1.6千米，止于姜家湾村东北0.9千米。大体呈西北-东南走向。上接姜家湾长城1段，下接姜家湾长城3段。

该段长城为山险，长720米。所处区域为山地丘陵地带，利用险峻山势作为天然屏障，四周山峦起伏，沟谷纵横。

该段长城沿线调查烽燧1座，为姜家湾2号烽燧。

姜家湾2号烽燧（150428353201020006）

该烽燧位于十家满族乡姜家湾村北1.5千米。烽燧修筑于高山顶上。

烽燧为石砌空心结构。台体保存差，仅存基础，四周散落大量石块。台体平面呈圆形，直径8米。台壁宽0.8、残高0.5米。（图五〇；彩图五一）

13.姜家湾长城3段（150428382102020013）

该段长城起自十家满族乡姜家湾村东北0.9千米，止于姜家湾村北0.8千米。墙体修筑于山坡上，由

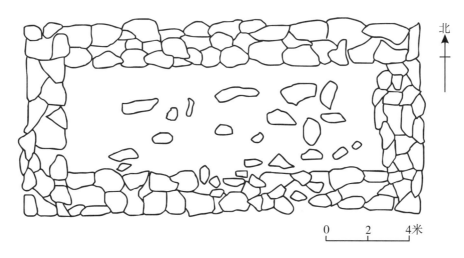

图四九　姜家湾1号障城平面图

山顶逐渐向山下延伸，呈东北-西南走向。上接姜家湾长城2段，下接姜家湾长城4段。

墙体以自然山体为基础，石块砌筑而成。整体保存差，墙体大部分坍塌，呈散乱的的石垄状。现存墙体底宽1.5、残高0.2~0.3米。墙体长190米。

14.姜家湾长城4段（1504283821 01020014）

该段长城起自十家满族乡姜家湾村北0.8千米，止于姜家湾村西0.09千米。墙体修筑于山岗缓坡处，呈北-南走向。上接姜家湾长城3段。

墙体以自然山体为基础，黄土夯筑而成。整体保存差，墙体呈低矮的土垄状。墙体底宽顶窄，剖面呈梯形。现存墙体底宽1.2~8、顶宽0.5~2、残高0.2~1.5米。部分墙体消失，仅存一条黑土带。墙体长782米，其中，保存较差347米、差365米、消失70米，分别占该段墙体总长的44%、47%、9%。（彩图五二）

该段长城止点调查障城1座，为姜家湾2号障城。

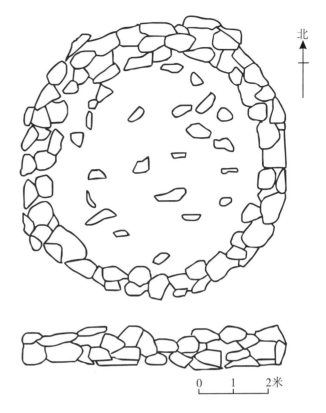

图五○　姜家湾2号烽燧平、立面图

姜家湾2号障城（15042835310202000 6）

该障城位于十家满族乡姜家湾村西北0.06千米，修筑于长城墙体止点处。

障城西墙利用长城墙体。平面呈不规则四边形，北墙64米、南墙70米、东墙36米、西墙42米。障墙用黄土夯筑而成，夯层厚0.15~0.2米。障墙底宽4~8、顶宽1~3、残高0.8~1.7米。城门位于南墙中部，距东墙34米。整体保存差。障城内、外被开垦成耕地，地表散落大量陶片，多为泥质灰黑陶，饰有绳纹，有少量板瓦、筒瓦等建筑构件。（图五一；彩图五三）

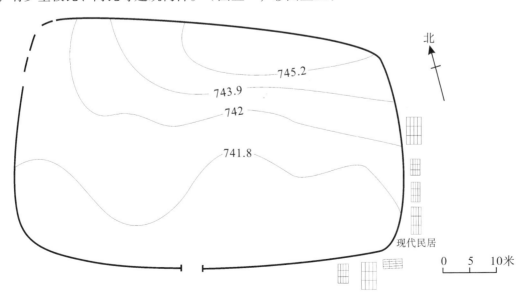

图五一　姜家湾2号障城平面图

第三章

秦汉长城

辽西地区北部地段的秦汉长城，由东向西分布于通辽市奈曼旗和赤峰市敖汉旗、松山区境内。长城总长216489米，分为82个调查段，包括石墙4段、土墙51段、河险3段、消失24段。其中，石墙保存差，长2015米；土墙保存较好277米、一般5480米、较差18561米、差50798米；河险长28000米；消失111358米。长城沿线调查烽燧6座、障城8座。（地图七、参见地图一~三）

具体情况如下表所示。（表二）

表二　秦汉长城数据简表

分布行政区域		墙体（长度：米）										单体建筑（座）	
		石墙				土墙				河险	消失	烽燧	障城
		较好	一般	较差	差	较好	一般	较差	差				
通辽市奈曼旗		0	0	0	0	277	5480	17061	15533	19200	6035	3	1
赤峰市	敖汉旗	0	0	0	884	0	0	1500	32335	8800	72478	1	7
	松山区	0	0	0	1131	0	0	0	2930	0	32845	2	0
总计		0	0	0	2015	277	5480	18561	50798	28000	111358	6	8

一　长城墙体分布与走向

秦汉长城在通辽市境内蜿蜒于燕山余脉与科尔沁沙地边缘，多属山地、丘陵地貌，山间沟谷纵横。赤峰市境内的秦汉长城分布在赤峰市南部，大体沿燕山北麓的山地丘陵分布，南距燕北长城10~50千米。

下面，对该道长城在通辽市奈曼旗和赤峰市敖汉旗、松山区境内的走向，由东向西做具体描述。

（一）通辽市奈曼旗

内蒙古自治区境内现存秦汉长城的最东端发现于奈曼旗新镇朝阳沟村东北0.48千米，墙体自东向偏西北延伸，部分乡村道路修筑于墙体北侧，到朝阳沟村西北1千米遇沟壑，沿沟壑偏东南形成弧形，转向西南到双合兴村东。

又经双合兴村中乡村道路南侧，偏西南通过双合兴村，多年的乡村建设使村内大部分墙体不见踪影，偶见几处残断墙体在村民院落内。墙体于村西南的路边出现，经农田、树林一直向西南延伸到锡林浩特至阜新的铁路，因为铁路隔断消失50米后墙体再现，继续向西南在农田和树林中延伸，到大榆树村东南消失。

在大榆树村内没有发现长城墙体，共消失564米。大榆树村西农田内墙体再现，并转呈东-西走向，呈低矮的土垄状，部分墙体时隐时现，有多处被乡村道路截断。长城墙体在大榆树村西北2.9千米附近再次消失，消失1300米。直到新安屯村南墙体再现，在新安屯村南公路南侧，因为路基占用墙体，从残破的墙体上能看出墙体的剖面，至新安屯村西南0.62千米处墙体消失269米。到新安屯村西南0.874千米墙体再现，乡村道路沿墙体北侧穿行，墙体上有农田，这段墙体中段有新安屯烽燧，烽燧南为蛤蟆山。

至毛仁沟梁村东南1千米，墙体转呈东北-西南走向，呈低矮的土垄状，部分墙体时隐时现，并有多处被冲沟、道路与农田截断。长城墙体在毛仁沟梁村西南1.5千米消失，消失1300米。墙体至蟒石沟村西北2千米再现，并转呈东北-西南走向，呈低矮的土垄状，多位于乡村道路北侧，部分乡村道路修建在墙体上，并有多处被道路与农田截断。长城墙体在蟒石沟村西南1.7千米消失，从敖包后村北侧直到牤牛河已找不到墙体。

牤牛河附近未发现墙体，以牤牛河为河险南北向延伸17000米。牤牛河岸附近的莫家弯子村、北冷仓村附近均未发现墙体。至瓦房村东南1.6千米墙体再现，墙体起点南侧有沟，沟里有树，东南0.4千米有一座养鸡厂，西侧部分墙体破坏比较严重。到瓦房村南1.5千米，长城墙体被牤牛河支流截断，以牤牛河支流为河险，长2200米。

在沙日浩来镇苇塘沟村东南1千米，墙体穿行于耕地和林地之中，呈东南-西北走向，个别地段见有稍高于地表的土垄。苇塘沟村西北2.3千米处墙体上建有苇塘沟烽燧，苇塘沟烽燧西南0.864千米处墙体南侧有苇塘沟障城，苇塘沟障城东北1.1千米为大沁他拉至阜新的柏油路，因为修路墙体消失242米。苇塘沟这一区域内的长城墙体多出现于耕地与树林之中，墙体保存较好，能明显看出与周围的区别，只有部分地段为略高于地表的土垄。到湾子村东北0.565千米，墙体呈东南-西北走向，黄土堆筑而成。墙体在农田中穿行，多处墙体上修筑有乡村道路。

以西岗岗村北乡村道路北侧为起点，长城划分为3个调查段。其中两段保存有墙体，土筑而成，长1523米；另一段地表遗迹消失，长747米。奈曼旗秦汉长城的止点在西岗岗村西北2.3千米，连接敖汉旗荷也村东1.1千米的荷也长城。（参见地图七）

（二）赤峰市敖汉旗

秦汉长城在赤峰境内的最东端起点位于敖汉旗敖音勿苏乡荷也村东1.1千米。墙体修筑于平缓的平原地带，由东南向西北延伸，多数穿行在耕地和林地之中。墙体用黄土夯筑而成，大部分地表以上墙体消失，仅见两道清晰的黑土带，指示出长城的具体走向。到奈曼庙附近，墙体消失1400米。到上水泉村东0.37千米，墙体复现，黄土夯筑而成，呈东南-西北走向。延伸至下水泉村附近，墙体形制不清晰，多处被冲沟截断，大部分地表以上墙体消失，仅见有两条清晰的黑土带。到下水泉村西北，墙体又消失，在古鲁板蒿村东南0.82千米复现，呈东南-西北走向。此后，墙体消失，直到西接良灌村西北0.5千米又出现，延续至下洼镇东山村东北0.38千米，呈东南-西北走向。到东山村西南，墙体消失2400米。

到下洼子镇东城子村西南，墙体复现，并转呈东北-西南走向，呈低矮的土垄状，部分墙体时隐时现，有多处被冲沟截断。长城墙体在西八旗村附近再次消失，消失长度达10400米。

直到敖吉乡刁家营子村西南0.45千米，墙体才又出现，黄土堆筑而成，呈东北-西南走向，只延续了445余米，再次消失近7000米。在大敖吉村附近，墙体仅保存300余米，呈东南-西北走向，此后又趋于消失。

到丰收乡东河北村东北0.92千米，墙体开始出现，黄土堆筑而成，建于平缓的平原地带，大部分地表以上墙体消失，仅存有两条断断续续的黑土带，呈东北-西南走向。从东河北村西北至贝吉营子村西北，墙体消失。从贝吉营子村西北，经大龙凤沟村西南，到元宝山村西北，墙体穿行在低矮的丘陵坡地，大体呈东南-西北走向，保存差，或呈低矮的土垄状，或仅存两条黑土带，由于此地水土流失严重，冲沟发育，许多地段墙体被冲沟截断。此后，墙体消失。

至新惠镇簸箕沟村西南2千米，墙体复现，黄土夯筑而成，修筑于山体的南坡，呈东-西走向。部分墙体保存相对较好，呈低矮的土垄状，部分地表仅存有清晰的黑土带。从簸箕沟村西南至下房申村东南墙体消失。在下房申村附近有墙体保存，呈断断续续的土垄状，呈东南-西北走向。此后，墙体消失，直到三宝山村西南0.02千米复现，部分地段呈断断续续的土垄状，大部分地段仅见两条黑土带，大体呈东南-西北走向。从三宝山村西北至撒力把乡齐大窝铺村东南，墙体消失。

墙体出现在撒力把乡齐大窝铺村东南，呈东-西走向，经老牛槽沟村东南转呈东北-西南走向，过老牛槽沟西南再转呈东-西走向，直到陈家窝铺村西北。这一区域的长城穿行于低矮的丘陵坡地，墙体土筑而成，呈时断时续的土垄状，部分地段仅见两条黑土带。由于丘陵坡地水土流失严重，冲沟发育，墙体多处被冲沟截断。到陈家窝铺村西北，长城进入山地，墙体随之变为石块砌筑，逶迤在各山梁之上，大体呈东南-西北走向，遗迹清晰，于地表呈石垄状。在关东沟村北走下山坡，再次进入起伏不大的丘陵坡地，墙体变为土筑，经夹信梁村北，到沟岔子村东北，墙体穿行于耕地和退耕林地之中，呈东南-西北走向，个别地段见有稍高于地表的土垄，大部分地段仅见两条黑土带。其后，墙体消失，到沟岔子村西北复现，呈东北-西南走向，经小山村西，在土城子村西北转呈东南-西北走向，延伸至兴隆屯村南后消失。这一区域内的墙体多出现于耕地之中，整体保存差，大部分地段仅见有两条黑土带，仅部分地段保存有略高于地表的土垄。（参见地图二）

（三）赤峰市松山区

秦汉长城在跨越老哈河后，由敖汉旗进入松山区境内。由于地势平坦，村庄连片，农业发达，人们的生产生活活动对原始地貌破坏严重，加之水土流失、土地沙化等自然原因，导致墙体消失。直到夏家店乡山水坡村西南0.55千米的山坡上才见有墙体，修筑于山地东坡，由山下向山上延伸，呈东北-西南走向，用石块垒砌的墙体仅存基础部分，呈低矮的石垄状，有几处被采石矿山路破坏。至山体顶部，地势平缓，被开垦为农田，墙体沿山顶伸展，为低矮的土垄或两条黑土带。继续向前，长城再次爬上山坡，墙体转为石块砌筑，保存差，仅存基础部分，呈低矮的石垄状，墙线较直，两侧散落大量石块。延伸至后窑村附近，长城走下高山，进入相对和缓的低山丘陵区，梯田连片，墙体变为土筑，呈低矮的土垄状，多数地段仅见两条黑土带。继续向前，墙体消失，到夏家店乡八家村三队西南1.4千米复现于山坡上，呈东-西走向，呈低矮的石垄状，墙线较直，沿山脊延伸，有多处被开矿采石、修路所破坏。继续延伸到山顶，地势平坦，多被开垦为农田，墙体沿山体顶部伸展，呈东北-西南走向，少部分呈低矮的土垄状，大部分为两条黑土带。从山顶向下，墙体消失，到夏家店村东北0.47千米复现，延伸至夏家店村西北后消失。这一段长城在低山丘陵区穿行，地势略有起伏，沟壑道路纵横，以耕地和经济林地为主，墙体大部分为两条平行的黑土带，呈东-西走向，经常被发育的冲沟截断。至此，赤峰市境内的秦汉长城再往西已难觅踪迹。

据以往的调查资料称，在当铺地镇曹家营子村东山仍可见秦汉长城的遗迹，沿英金河北岸的丘陵分布，东与夏家店村附近的长城相连接。在这一区域，长城从西向东经过杨家营子、孙家营子、四家子、王家店、水泉、北道后山、衣家营子、山嘴子后山、红石岗子等村庄，由于村庄相望，道路纵横，农田连片，特别是现代化农业发展极快，与20世纪后半叶相比，地貌已发生非常大的变化。在本次调查中，这一区域内的长城墙体消失无存。

再往西，从赤峰市松山区的阴河两岸至河北省围场县之间，山体连绵，崎岖险峻，行走艰难。虽然在围场县境内发现有秦汉长城的相关遗存，但它们与赤峰市秦汉长城之间的连接地段有可能在当时即未修筑墙体，只是利用天然的山险作为防线罢了。（参见地图三）

二　长城墙体与单体建筑保存现状

秦汉长城墙体多系就地取材修筑，特点是山地多为石块垒砌，地表遗迹明显，山下相对平缓之处多为土筑，地表遗迹不明显，多数地段地表仅存两条黑土带，标示出墙体的具体走向。这两条黑土带是修筑墙体时从两侧挖沟取土、中间修筑墙体，而后墙体消失、壕沟逐渐被掩埋而形成。该道长城沿线的单体建筑包括烽燧、障城两类。下面分旗县区予以详细描述。

（一）通辽市奈曼旗

奈曼旗境内秦汉长城总长63586米，划分为30段，包括土墙20段、消失8段、河险2段。其中，土墙保存较好277米、一般5480米、较差17061米、差15533米、消失6035米；河险长19200米。长城沿线调查3座烽燧、1座障城。（参见地图七）

1.朝阳沟长城1段（150525382101040001）

该段长城起自新镇朝阳沟村东北0.48千米，止于朝阳沟村西北1.2千米。为本次调查的内蒙古境内秦汉长城东起第一段墙体。墙体大体呈东-西走向。下接朝阳沟长城2段。

墙体土筑而成。整体保存差，墙体内、外侧局部坍塌。现存墙体底宽3~8、顶宽1~3、残高0.5~2米。墙体长1711米，其中，保存较差415米、差1265米、消失31米，分别占该段墙体总长的24%、74%、2%。墙体周围为农田。（彩图五四）

2.朝阳沟长城2段（150525382101040002）

该段长城起自新镇朝阳沟村西北1.2千米，止于朝阳沟村西南1.4千米。墙体大体呈东南-西北走向。上接朝阳沟长城1段，下接朝阳沟长城3段。

墙体土筑而成。整保存较差。墙体长1502米，其中，保存较差887米、差615米，分别占该段墙体

总长的59%、41%。墙体北侧有道路，南侧有农田，部分农田开垦于墙体上。（彩图五五）

3.朝阳沟长城3段（150525382301040003）

该段长城起自新镇朝阳沟村西南1.4千米，止于朝阳沟村西南1.9千米。墙体大体呈东北-西南走向。上接朝阳沟长城2段，下接双合兴长城1段。

该段长城为墙体消失段，起止点之间的直线长度为540米。由于道路修筑、村庄建设、土地耕种等原因，导致墙体消失。

4.双合兴长城1段（150525382101040004）

该段长城起自新镇双合兴村东0.48千米，止于双合兴村东0.1千米。墙体大体呈东-西走向。上接朝阳沟长城3段，下接双合兴长城2段。

墙体土筑而成。整体保存差。现存墙体底宽1.5~4、顶宽0.2~0.5、残高0.2~1.5米。墙体长395米。墙体北侧有道路，南侧有大片农田，部分农田开垦于墙体上。（彩图五六）

5.双合兴长城2段（150525382301040005）

该段长城起自新镇双合兴村东0.1千米，止于双合兴村西0.754千米。墙体大体呈东-西走向。上接双合兴长城1段，下接双合兴长城3段。

该段长城为墙体消失段，起止点之间的直线长度为918米。由于长城从双合兴村中穿过，多年的人为破坏，导致墙体消失。根据前、后段墙体的情况及对周边环境的观察推断，该段墙体原应为土墙。

6.双合兴长城3段（150525382101040006）

该段长城起自新镇双合兴村西0.754千米，止于双合兴村西南3.6千米。墙体大体呈东北-西南走向。上接双合兴长城2段，下接双合兴长城4段。

墙体土筑而成。整体保存差。现存墙体底宽1~8、顶宽0.2~1.8、残高0.2~2米。墙体长2945米，其中，保存一般1113米、较差518米、差1314米，分别占该段墙体总长的38%、17%、45%。部分墙体周围及墙体上种植有树木。（彩图五七）

7.双合兴长城4段（150525382101040007）

该段长城起自新镇双合兴村西南3.6千米，止于双合兴村西5.9千米。墙体大体呈东北-西南走向。上接双合兴长城3段，下接双合兴长城5段。

墙体土筑而成。整体保存较差。现存墙体底宽1~6、顶宽0.2~2、残高0.2~2.5米。墙体长2332米，其中，保存一般638米、较差1651米、消失43米，分别占该段墙体总长的27%、70%、3%。部分墙体被开垦为农田。锡林浩特至阜新的铁路穿过长城，造成墙体消失。（彩图五八）

该段长城沿线调查烽燧1座，为双合兴烽燧。

双合兴烽燧（150525353201040001）

该烽燧位于新镇双合兴村西南4.1千米。烽燧紧依长城墙体南侧。

烽燧土筑而成。台体保存较差，夯层不清。台体平面呈不规则圆形，东西20~25、南北30~35、残高2~2.5米。因长年雨水冲刷，台体大部分坍塌，四壁形成不同程度的斜坡，顶部及斜坡上长满杂草。（彩图五九）

8.双合兴长城5段（150525382101040008）

该段长城起自新镇双合兴村西南5.9千米，止于双合兴村西南8.4千米。墙体大体呈东北-西南走向。上接双合兴长城4段，下接双合兴长城6段。

墙体土筑而成。整体保存较差。现存墙体底宽1.5~14、顶宽0.2~2、残高0.2~5米。墙体长2560米，其中，保存较好277米、一般810米、较差1178米、差295米，分别占该段墙体总长的11%、31%、

46%、12%。墙体上长有树木，南侧为树林，北侧为耕地。（彩图六〇）

9.双合兴长城6段（150525382301040009）

该段长城起自新镇双合兴村东南8.4千米，止于双合兴村东南8.5千米。墙体大体呈东-西走向。上接双合兴长城5段，下接大榆树长城1段。

该段长城为墙体消失段，起止点之间的直线长度为564米。由于库伦镇至大沁塔拉镇的公路穿过，以及大榆树村建设的破坏，墙体消失不存。根据前、后段墙体的情况及对周边环境的观察判断，该段墙体原应为土墙。

10.大榆树长城1段（150525382101040010）

该段长城起自新镇大榆树村西0.1千米，止于大榆树村西北2.9千米。墙体大体呈东南-西北走向。上接双合兴长城6段，下接大榆树长城2段。

墙体土筑而成。整体保存较差。现存墙体底宽1.5~8、顶宽0.2~0.5、残高0.2~3米。墙体长2647米，其中，保存一般954米、较差1020米、差673米，分别占该段墙体总长的36%、39%、25%。墙体上种植有林带，北侧有农田、道路等。（彩图六一）

11.大榆树长城2段（150525382301040011）

该段长城起自新镇大榆树村西北2.9千米，止于大榆树村西北4.2千米。墙体大体呈东-西走向。上接大榆树长城1段，下接新安屯长城1段。

该段长城为墙体消失段，起止点之间的直线长度为1300米。由于修建梯田，开垦林地，将原有地貌完全改变，造成墙体完全消失。根据前、后段墙体的情况并结合周边环境判断，该段墙体原应为土墙。

12.新安屯长城1段（150525382101040012）

该段长城起自新镇新安屯村南0.26千米，止于新安屯村西南0.62千米。墙体大体呈东-西走向。上接大榆树长城2段，下接新安屯长城2段。

墙体土筑而成。整体保存较差。现存墙体底宽2~5、顶宽0.2~1、残高0.2~1.5米。墙体长437米。有一条乡村道路修筑于墙体上。（彩图六二）

13.新安屯长城2段（150525382301040013）

该段长城起自新镇新安屯村西南0.62千米，止于新安屯村西南0.874千米。墙体大体呈东北-西南走向。上接新安屯长城1段，下接新安屯长城3段。

该段长城为墙体消失段，起止点之间的直线长度为269米。由于新建村落、修路等因素，造成墙体完全消失。根据前、后段墙体的情况并结合周边环境判断，该段墙体原应为土墙。

14.新安屯长城3段（150525382101040014）

该段长城起自新镇新安屯村西南0.874千米，止于新安屯村西南4千米。墙体大体呈东-西走向。上接新安屯长城2段，下接毛仁沟梁长城1段。

墙体土筑而成。整体保存差，墙体坍塌呈土垄状。现存墙体底宽1~8、顶宽0.2~1.5、残高0.2~1.5米。墙体长3116米，其中，保存较差958米、差2158米，分别占该段墙体总长的31%、69%。墙体紧邻新安屯村，部分墙体被修筑道路和村民取土破坏。

该段长城沿线调查烽燧1座，为新安屯烽燧。

新安屯烽燧（150525353201040002）

该烽燧位于新镇新安屯村西南1.3千米。烽燧紧邻长城墙体南侧，南距蛤蟆山0.08千米。

烽燧土筑而成。台体保存较差，结构和形制被破坏，坍塌呈土丘状，夯层不清。台体平面呈不规

则圆形，东西20~25、南北30~35、残高2.4米。台体四壁形成不同程度的斜坡，顶部及斜坡上长满杂草。（彩图六三）

15.毛仁沟梁长城1段（150525382101040015）

该段长城起自新镇毛仁沟梁村东南1千米，止于毛仁沟梁村西南1.5千米。墙体大体呈东-西走向。上接新安屯长城3段，下接毛仁沟梁长城2段。

墙体土筑而成。整体保存较差，墙体局部坍塌，结构和形制仍可辨识。现存墙体底宽1~10、顶宽0.2~2、残高0.2~3米。墙体长1833米，其中，保存一般225米、较差507米、差1101米，分别占该段墙体总长的12%、28%、60%。墙体周边多为农田，局部有冲沟发育。（彩图六四）

16.毛仁沟梁长城2段（150525382301040016）

该段长城起自新镇毛仁沟梁村西南1.5千米，止于毛仁沟梁村西南2.7千米。墙体大体呈东北-西南走向。上接毛仁沟梁长城1段，下接蟒石沟长城1段。

该段长城为墙体消失段，起止点之间的直线长度为1300米。由于筑路、耕种等人为因素和风雨侵蚀等自然因素的破坏，造成墙体完全消失。根据前、后段墙体的情况并结合周边环境判断，该段墙体原应为土墙。

17.蟒石沟长城1段（150525382101040017）

该段长城起自新镇蟒石沟村西北2千米，止于蟒石沟村西南1.7千米。墙体大体呈东北-西南走向。上接毛仁沟梁长城2段，下接蟒石沟长城2段。

墙体以自然平地为基础，挖土堆筑而成。整体保存差。现存墙体剖面略呈梯形，底宽1~8、顶宽0.2~0.5、残高0.2~1.5米。墙体长2303米，其中，保存较差1127米、差1176米，分别占该段墙体总长的48%、52%。部分墙体上修筑有乡村道路，周边皆为农田和小树林。

18.蟒石沟长城2段（150525382107040018）

该段长城起自新镇蟒石沟村西南1.7千米，止于蟒石沟村西南17.9千米。墙体呈东北-西南走向。上接蟒石沟长城1段，下接瓦房长城1段。

该段长城为河险，长17000米。以自北向南流的牤牛河道作为天然的南北向防御体，

19.瓦房长城1段（150525382101040019）

该段长城起自新镇瓦房村东南1.6千米，止于瓦房村南1.5千米。墙体大体呈东北-西南走向。上接蟒石沟长城2段，下接瓦房长城2段。

墙体土筑而成。整体保存较差，已坍塌。现存墙体底宽2~5、顶宽0.2~0.5、残高0.2~1米。墙体长790米。墙体附近有冲沟发育，有农田、养鸡场等，均对墙体造成较为严重的破坏。（彩图六五）

20.瓦房长城2段（150525382107040020）

该段长城起自新镇瓦房村南1.5千米，止于瓦房村西南2.1千米。墙体呈东南-西北走向。上接瓦房长城1段，下接瓦房长城3段。

该段长城为河险，长2200米。以牤牛河支流河道作为天然的防御体，

21.瓦房长城3段（150525382101040021）

该段长城起自新镇瓦房村西南2.1千米，止于瓦房村西南4.1千米。墙体大体呈东南-西北走向。上接瓦房长城2段，下接苇塘沟长城1段。

墙体土筑而成。整体保存差。现存墙体剖面略呈梯形，底宽1~5、顶宽0.2~1、残高0.2~1.5米。墙体长2494米，其中，保存较差1000米、差1494米，分别占该段墙体总长的40%、60%。部分墙体上修筑有乡村道路，周边为农田与小树林。

22.苇塘沟长城1段（150525382101040022）

该段长城起自沙日浩来镇苇塘沟村东南1千米，止于苇塘沟村西北1.5千米。墙体大体呈东南-西北走向。上接瓦房长城3段，下接苇塘沟长城2段。

墙体以自然平地为基础，挖土堆筑而成。整体保存差，墙体已坍塌。现存墙体剖面略呈梯形，底宽1~5、顶宽0.2~1、残高0.2~1.5米。墙体长2755米，其中，保存较差996米、差1759米，分别占该段墙体总长的36%、64%。部分墙体上修筑有乡村道路，周边为农田与小树林。（彩图六六）

23.苇塘沟长城2段（150525382101040023）

该段长城起自沙日浩来镇苇塘沟村西北1.5千米，止于苇塘沟村西北2.4千米。墙体大体呈东北-西南走向。上接苇塘沟长城1段，下接苇塘沟长城3段。

墙体以自然平地为基础，挖土堆筑而成。整体保存差，墙体已坍塌。现存墙体剖面略呈梯形，底宽1~3、顶宽0.2~1、残高0.2~3米。墙体长1191米，其中，保存一般799米、较差392米，分别占该段墙体总长的67%、33%。部分墙体上修筑有乡村道路，周边为农田与小树林。（彩图六七）

该段长城沿线调查烽燧1座，为苇塘沟烽燧。

苇塘沟烽燧（150525353201040003）

该烽燧位于沙日浩来镇苇塘沟村西北2.3千米。烽燧紧邻长城墙体南侧。

烽燧保存差。台体坍塌呈土丘状，形制不清。台体平面呈不规则圆形，东西20~25、南北30~35、残高2~2.5米。由于长年雨水冲刷，台体四壁形成不同程度的斜坡，顶部及斜坡上长满杂草。（彩图六八）

24.苇塘沟长城3段（150525382301040024）

该段长城起自沙日浩来镇苇塘沟村西北2.4千米，止于苇塘沟村西北2.6千米。墙体大体呈东北-西南走向。上接苇塘沟长城2段，下接苇塘沟长城4段。

该段长城为墙体消失段，起止点之间的直线长度为242米。由于多年开垦耕地，导致墙体消失。根据前、后段墙体的情况并结合周边环境判断，该段墙体原应为土墙。

25.苇塘沟长城4段（150525382101040025）

该段长城起自沙日浩来镇苇塘沟村西北2.6千米，止于苇塘沟村西北5.2千米。墙体大体呈东北-西南走向。上接苇塘沟长城3段，下接湾子长城1段。

墙体土筑而成。整体保存较差，墙体结构和形制基本保存，内、外侧有局部坍塌。现存墙体底宽3~8、顶宽0.2~2、残高0.5~2米。墙体长2973米，其中，保存一般941米、较差1951米、消失81米，分别占该段墙体总长的32%、66%、2%。

该段长城沿线调查障城1座，为苇塘沟障城。

苇塘沟障城（150525353102040001）

该障城位于沙日浩来镇苇塘沟村西3千米。障城北墙利用长城墙体。

障城平面呈近梯形，北墙13.5、南墙15、东墙19、西墙18米。障墙土筑而成，受自然和人为因素的破坏均坍塌，残高0.5~2米。城门位于东墙，距南墙9米。（图五二；彩图六九）

26.湾子长城1段（150525382101040026）

该段长城起自沙日浩来镇湾子村东北0.565千米，止于湾子村西北2.7千米。墙体大体呈东南-西北走向。上接苇塘沟长城4段，下接湾子长城2段。

墙体土筑而成。整体保存较差。现存墙体底宽1~4、顶宽0.2~2、残高0.2~2米。墙体长3148米，其中，保存较差1664米、差1484米，分别占该段墙体总长的53%、47%。（彩图七〇）

27.湾子长城2段（150525382101040027）

该段长城起自沙日浩来镇湾子村西北2.7千米，止于湾子村西北4.5千米。墙体呈东南-西北走向。上接湾子长城1段，下接西岗岗长城1段。

墙体土筑而成。整体保存差，墙体已坍塌。现存墙体剖面略呈梯形，底宽1.5~4、顶宽0.2~1、残高0.2~1米。墙体长1851米，其中，保存较差851米、差1000米，分别占该段墙体总长度的46%、54%。（彩图七一）

28.西岗岗长城1段（150525382101040028）

该段长城起自沙日浩来镇西岗岗村西北0.247千米，止于西岗岗村西北1.3千米。墙体大体呈东-西走向。上接湾子长城2段，下接西岗岗长城2段。

墙体土筑而成。整体保存较差，墙体已坍塌。现存墙体剖面略呈梯形，底宽1~4、顶宽0.2~0.5、残高0.2~1米。墙体长1069米，其中，保存较差719米、差350米，分别占该段墙体总长的67%、33%。（彩图七二）

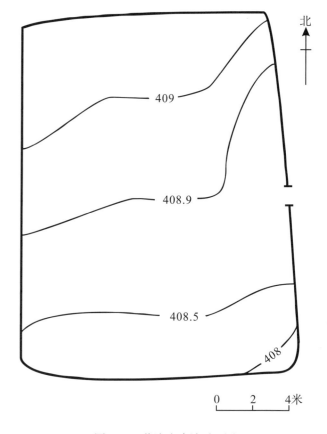

图五二　苇溏沟障城平面图

29.西岗岗长城2段（150525382301040029）

该段长城起自沙日浩来镇西岗岗村西北1.3千米，止于西岗岗村西2千米。墙体大体呈东北-西南走向。上接西岗岗长城1段，下接西岗岗长城3段。

该段长城为墙体消失段，起止点之间的直线长度为747米。由于冲沟发育和多年的耕种导致墙体完全消失。根据前、后段墙体的情况并结合周边环境判断，该段墙体原应为土墙。

30.西岗岗长城3段（150525382101040030）

该段长城起自沙日浩来镇西岗岗村西2千米，止于西岗岗村西北2.3千米。墙体呈东南-西北走向。上接西岗岗长城2段，下接赤峰市敖汉旗荷也长城。

墙体长454米。墙体夯筑而成。整体保存差，墙体呈土垄状，略高出地表，远望才能看出其轮廓。现存墙体底宽1~6、顶宽0.2~3、残高0.2~2米。

（二）赤峰市敖汉旗

秦汉长城在敖汉旗境内总长115997米，划分为42个调查段，包括土墙27段、石墙1段、河险1段、消失13段。其中，土墙保存较差1500米、差32335米；石墙保存差，长884米；河险长8800米；消失72478米。长城沿线调查1座烽燧、7座障城。（参见地图二）

1.荷也长城（150430382101040001）

该段长城起自敖音勿苏乡荷也村东1.1千米，止于荷也村东北0.98千米。墙体修筑于平缓的平原地带，大体呈东南-西北走向。上接通辽市奈曼旗西岗岗长城3段，下接奈曼庙长城。

墙体长285米。墙体以自然平地为基础，黄土夯筑而成。整体保存差，墙体大部分形制不清晰，仅在起点保存少部分残破的墙体，现存墙体底宽10、残高0.5米。其他地段墙体残存较为清晰的黑土带，宽4~5米。

2.奈曼庙长城（150430382301040002）

该段长城起自敖音勿苏乡奈曼庙村南1千米，止于奈曼庙村西0.92千米。墙体大体呈东南-西北走向。上接荷也长城，下接上水泉长城。

该段长城为墙体消失段，起止点之间的直线长度为1400米。该段长城地处黄土丘陵地带，地势较平缓，起伏较少，有大面积农田和人工林，受此影响，墙体消失。根据前、后段墙体的情况并结合周边环境判断，该段墙体原应为土墙。

3.上水泉长城（150430382101040003）

该段长城起自敖音勿苏乡上水泉村东0.37千米，止于上水泉村西北1.5千米。墙体修筑于平缓的黄土丘陵地带，呈东南-西北走向。上接奈曼庙长城，下接下水泉长城1段。

墙体以自然平地为基础，挖沟取土夯筑而成。整体保存差，墙体形制不清晰，大部分消失，地表仅存有清晰的两条黑土带，每条黑土带宽3.4~4米，间距12米。（彩图七三）墙体长1864米。墙体两侧被开垦为农田。

该段长城沿线调查1座障城，为上水泉障城。

上水泉障城（150430353102040001）

该障城位于敖音勿苏乡上水泉村西北0.28千米。修筑于平缓的丘陵地带。北距长城墙体0.015米。

障城平面呈近长方形，东西长79、南北长88米。整体保存差。障墙用黄土夯筑而成，底宽6~7.5、残高0.1~0.8米。南墙所处地段修筑有一条宽3米的土路，原应开于南墙的门址破坏不清。障城内及其周边大部分被开垦为农田。障城内散落较多遗物，多为泥质灰褐陶片，纹饰有绳纹、附加堆纹等，可辨器形中有鬲足一件。（图五三）

4.下水泉长城1段（150430382101040004）

该段长城起自敖音勿苏乡上水泉村西北1.5千米，止于下水泉村西北2.8千米。墙体修筑于平缓的黄土丘陵地带，呈东南-西北走向。上接上水泉长城，下接下水泉长城2段。

墙体土筑而成。整体保存差，墙体形制不清晰，多处被冲沟截断。墙体长1300米，其中，保存差1208米、消失92米，分别占该段墙体总长的93%、7%。（彩图七四）墙体两侧被开垦为大片农田。

5.下水泉长城2段（150430382301040005）

该段长城起自敖音勿苏乡下水泉村西北2.8千米，止于敖音勿苏乡古鲁板蒿村东南0.82千米。墙体大体呈东南-西北走向。上接下水泉长城1段，下接古鲁板蒿长城1段。

该段长城为墙体消失段，起止点之间的直线长度为658米。由于开垦农田和植树造林，导致墙体消失。

6.古鲁板蒿长城1段（150430382101040006）

该段长城起自敖音勿苏乡古鲁板蒿村东南0.82千米，止于古鲁板蒿村西南1.2千米。墙体修筑于平缓的黄土丘陵地带，呈东南-西北走向。上接下水泉长城2段，下接古鲁板蒿长城2段。

墙体土筑而成。整体保存差，墙体形制不清晰，仅存有清晰的两条黑土带，每条黑土带宽3.4~4米，间距12米。墙体长1651米。墙体两侧被开垦为大片农田，种植有人工林。

7.古鲁板蒿长城2段（150430382301040007）

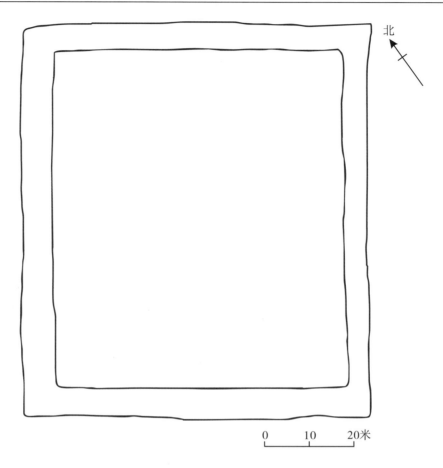

北

```
0    10    20米
```

图五三　上水泉障城平面图

　　该段长城起自敖音勿苏乡古鲁板蒿村西南1.2千米，止于敖音勿苏乡西接良灌村西北0.49千米。墙体大体呈东南–西北走向。上接古鲁板蒿长城1段，下接西接良灌长城1段。

　　该段长城为墙体消失段，起止点之间的直线长度为3900米。该段长城所处有大片林地，有多处冲沟穿过墙体。

8.西接良灌长城1段（150430382101040008）

　　该段长城起自敖音勿苏乡西接良灌村西北0.5千米，止于西接良灌村西北1.4千米。墙体修筑于平缓的黄土丘陵地带，呈东南–西北走向。上接古鲁板蒿长城2段，下接西接良灌长城2段。

　　墙体土筑而成。整体保存差，大部分于地表仅存有两条清晰的黑土带，每条黑土带宽3.5~4米，间距12米。墙体长853米，其中，保存差267米、消失586米，分别占该段墙体总长的31%、69%。（彩图七五）墙体两侧大部分为农田和人工林。

9.西接良灌长城2段（150430382101040009）

　　该段长城起自敖音勿苏乡西接良灌村西北1.4千米，止于西接良灌村西北2.8千米。墙体呈东南–西北走向。上接西接良灌长城1段，下接东山长城1段。

　　墙体土筑而成。整体保存较差，呈较宽的土垄状。现存墙体剖面呈梯形，底宽（含黑土带）20~22、顶宽6.5~8、残高0.8~1.3米。墙体长1500米。

10.东山长城1段（150430382101040010）

　　该段长城起自敖音勿苏乡西接良灌村西北2.8千米，止于下洼镇东山村东北0.38千米。墙体呈东南–

西北走向。上接西接良灌长城2段，下接东山长城2段。

墙体土筑而成。整体保存差，墙体呈较宽的土垄状，两侧各有一条黑土带，每条黑土带宽3~4米。现存墙体剖面呈梯形，底宽（含黑土带）20、顶宽6.5~8、残高0.6~1.1米。墙体长1400米。墙体穿行于大片的林地和耕地之间，有少部分墙体被育林沟破坏，出现较多豁口。

11.东山长城2段（150430382301040011）

该段长城起自下洼镇东山村东北0.38千米，止于东山村西南2千米。墙体大体呈东北-西南走向。上接东山长城1段，下接东城子长城。

该段长城为墙体消失段，起止点之间的直线长度为2400米。由于农田开垦、村庄建设和人工造林等因素，导致墙体全部消失。

12.东城子长城（150430382101040012）

该段长城起自下洼镇东城子村西北0.35千米，止于东城子村西南0.45千米。墙体修筑于黄土丘陵地带，呈东北-西南走向。上接东山长城2段，下接西八旗长城。

墙体土筑而成。整体保存差，墙体形制不清晰，仅残存底部，呈低矮的土垄状。现存墙体宽2~3.5、残高0.2~0.4米。墙体长227米，其中，保存差167米、消失60米，分别占该段墙体总长的74%、26%。墙体所处地势起伏明显，沿线有大片农田和人工林带，有多处冲沟和一条公路穿过墙体。

该段长城沿线调查1座障城，为东城子障城。

东城子障城（150430353102040002）

该障城位于下洼镇东城子村西0.28千米。修筑于黄土丘陵地带突出于周围的台地上。

障城平面呈正方形，边长71米。整体保存差。障城形制不完整，南、西墙消失无存；北墙利用长城墙体，仅存36米；东墙保存较为完整。障墙用黄褐色土夯筑而成，剖面不清晰，东墙底宽18、顶宽4~5、残高1.3米。原应位于南墙的门址无存。

障城内、外大部分为大片农田和人工林带，有两条便道通过，有一处民房，为当地村民打粮时居住，部分区域被修建成场院。障城内地表散落少量遗物，多为泥质灰黑陶，饰有绳纹，有少量板瓦、筒瓦等建筑构件。

13.西八旗长城（150430382301040013）

该段长城起自下洼镇西八旗村东北1千米，止于敖吉乡刁家营子村西南0.45千米。墙体大体呈东北-西南走向。上接东城子长城，下接刁家营子长城1段。

该段长城为墙体消失段，起止点之间的直线长度为10400米。该段长城地处平缓的黄土丘陵地带，地势平坦，起伏较小，有多处因水土流失而形成的沟谷。由于长年风雨侵蚀、水土流失、植物生长等自然因素以及植树造林、开垦农田、修路取土、放牧等人为因素的破坏，导致墙体消失。

14.刁家营子长城1段（150 430382101040014）

该段长城起自敖吉乡刁家营子村西南0.45千米，止于刁家营子村西南0.88千米。墙体修筑于丘陵地带，呈东北-西南走向。上接西八旗长城，下接刁家营子长城2段。

墙体长445米。墙体以自然平地为基础，黄土堆筑而成。整体保存差，墙体形制不清晰。现存墙体宽1~2.5、残高0.4~1米。墙体沿线大部分有农田和人工林，一些地段被修建成灌渠。

该段长城沿线调查1座障城，为刁家营子障城。

刁家营子障城（150430353102040003）

该障城位于刁家营子村西南0.67千米。北距长城墙体0.04千米。

障城平面呈近长方形，东西长111、南北长101米。障墙用黄褐色沙土夯筑而成，夯层厚0.11~0.15

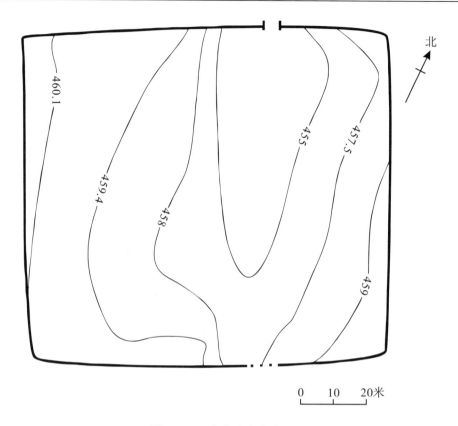

图五四　刁家营子障城平面图

米。现存障墙底宽10~12、顶宽2~4、残高0.1~3米。门址位于北墙偏东部，距东墙33米。整体保存差。障城外被开垦为大片农田。障城内修建有一条贯穿南北的灌溉水渠，散落少量遗物，多为饰有绳纹的泥质灰陶片。（图五四）

15.刁家营子长城2段（150430382301040015）

该段长城起自敖吉乡刁家营子村西南0.88千米，止于敖吉乡大敖吉村东南0.55千米。墙体大体呈东北-西南走向。上接刁家营子长城1段，下接大敖吉长城。

该段长城为墙体消失段，起止点之间的直线长度为7000米。该段长城地处平原地带，地势平坦。农田、林地连片，导致墙体消失。

16.大敖吉长城（150430382101040016）

该段长城起自敖吉乡大敖吉村东南0.55千米，止于大敖吉村东南0.37千米。墙体修筑于平原地带，呈东北-西南走向。上接刁家营子长城2段，下接小西营子长城。

墙体土筑而成。整体保存差，大部分墙体模糊不清，或仅存黑土带，标示出墙体的原始走向。墙体长301米。墙体所处地势平坦，大部分被开垦为农田，部分地段有人工林和村庄。

该段长城沿线调查1座障城，为大敖吉障城。

大敖吉障城（150430353102 040004）

该障城位于敖吉乡大敖吉村东南0.51千米的耕地中。北墙利用长城墙体。

障城平面呈不规则四边形，北墙196米、南墙175米、东墙173米、西墙151米。障墙用黄褐色土夯筑，夯层厚0.05~0.08米。现存墙体底宽10~20、顶宽1~7、残高0.1~1.2米。整体保存差。四面障墙多处

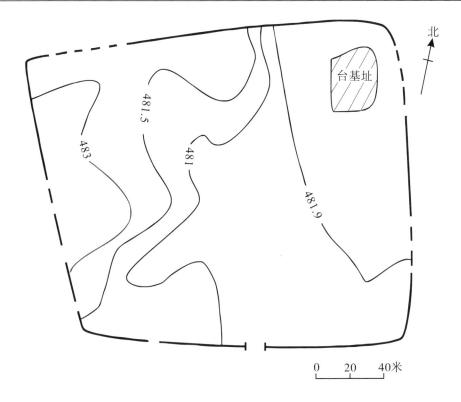

图五五　大敖吉障城平面图

被农田灌溉破坏，造成多处豁口。门址位于南墙中部。障城内东北角有一建筑台基，台基平面呈长方形，东西长22、南北长38、高0.8米。障城内散落有少量陶片，多为泥质灰黑陶，饰有绳纹；有大量板瓦、筒瓦等建筑构件，部分筒瓦外壁饰有绳纹。（图五五）

17. 小西营子长城（150430382301040017）

该段长城起自敖吉乡小西营子村东北2千米，止于小西营子村西南6.3千米。墙体大体呈东北-西南走向。上接大敖吉长城，下接东河北长城。

该段长城为墙体消失段，起止点之间的直线长度为8200米。因开垦农田、植树造林和村庄建设，导致墙体消失。

18. 东河北长城（150430382101040018）

该段长城起自丰收乡东河北村东北0.92千米，止于东河北村西北0.3千米。墙体修筑于平缓的黄土丘陵地带，呈东北-西南走向。上接小西营子长城，下接白塔子长城。

墙体以自然平地为基础，黄土堆筑而成。整体保存差，墙体形制不清晰，大部分消失，仅存有两条断断续续的黑土带，每条黑土带宽3.4~4米，间距12米。墙体长1000米。墙体沿线大部分为农田，有人工林。

该段长城沿线调查1座障城，为白塔子东城子障城。

白塔子东城子障城（150430353102040005）

该障城位于丰收乡东河北村东北0.8千米。北墙利用长城墙体。

障城平面呈不规则四边形，北墙72、南墙77、东墙80、西墙69米。整体保存差。障墙用黄土夯筑而成，呈低矮的土垄状，夯层不清晰。现存障墙底宽10~12、顶宽2~4、残高0.3~1.2米。门址位于南墙

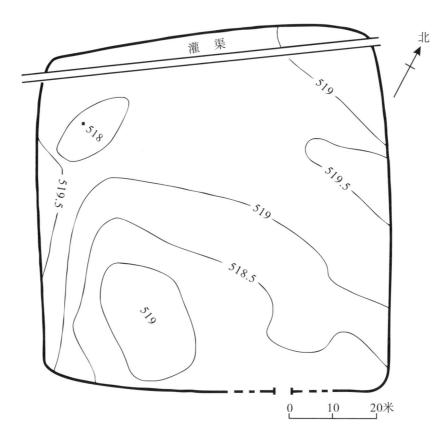

图五六　白塔子东城子障城平面图

东侧。障城内、外被开垦为大片农田，四周有人工林带。障城北部被东西向的灌渠截断，灌渠宽4~5、深2.5~3米；中部有一条南北向的灌渠穿过，与东西向灌渠相连。障城内无任何遗迹现象，散落少量遗物，多为饰绳纹的泥质灰陶片和内、外壁素面的筒瓦残片等。（图五六）

19.白塔子长城（150430382301040019）

该段长城起自丰收乡东河北村西北0.3千米，止于丰收乡贝吉营子村西北2.3千米。墙体大体呈东北-西南走向。上接东河北长城，下接大龙凤沟长城。

该段长城为墙体消失段，起止点之间的直线长度为14300米。该段长城所处部分为河谷冲击地带，部分为黄土丘陵地带，两种地貌的交汇处地形起伏较大，大部分被开垦为农田。该段长城沿线分布有人工林带和村庄，导致墙体消失。

20.大龙凤沟长城（150430382101040020）

该段长城起自丰收乡贝吉营子村西北2.3千米，止于丰收乡大龙凤沟村西南1.5千米。墙体修筑于黄土丘陵地带，呈东南-西北走向。上接白塔子长城，下接元宝山长城。

墙体以自然平地为基础，挖沟取土堆筑而成。整体保存差，墙体呈高矮不一的土垄状。墙体底宽顶窄，剖面呈梯形。现存墙体底宽7~10、顶宽2~4、残高0.1~1.5米。墙体两侧各有一条明显的黑土带，每条黑土带宽约3米。墙体长1975米，其中，保存差1491米、消失484米，分别占该段墙体总长的75%、25%。墙体沿线有大片农田、杏林、人工林等，多处山水冲沟在墙体上形成豁口。（彩图七六）

21.元宝山长城（150430382101040021）

该段长城起自丰收乡大龙凤沟村西南1.5千米，止于丰收乡元宝山村西北0.56千米。墙体修筑于起伏的黄土丘陵地带，呈东南-西北走向。上接大龙凤沟长城，下接簸箕沟长城。

墙体以自然平地为基础，黄土堆筑而成。整体保存差，墙体形制不清晰，呈低矮的土垄状。现存墙体底宽顶窄，部面呈梯形，底宽8~11、顶宽2~3、残高0.1~1米。墙体两侧各有一条明显的黑土带，每条黑土带宽约3米。墙体长1167米，其中，保存差889米、消失278米，分别占该段墙体总长的76%、24%。墙体沿线大部分有农田、杏树林和松树林等。（彩图七七）

22.簸箕沟长城（150430382301040022）

该段长城起自丰收乡元宝山村西北0.56千米，止于新惠镇簸箕沟村西南2千米。墙体大体呈东北-西南走向。上接元宝山长城，下接烧锅地长城。

该段长城为墙体消失段，起止点之间的直线长度为2200米。该段长城所处为高低起伏的黄土丘陵地带，有大片农田、人工林、村庄等，导致墙体全部消失。

23.烧锅地长城（150430382101040023）

该段长城起自新惠镇簸箕沟村西南2千米，止于簸箕沟村西南4.5千米。墙体修筑于平缓的黄土丘陵地带、山体南坡，由上而下逐渐延伸，呈东-西走向。上接簸箕沟长城，下接新惠长城。

墙体以自然平地为基础，黄土堆筑而成。整体保存差，墙体大部分呈低矮的土垄状。现存墙体底宽6~7、顶宽1~2、残高0.1~0.5米。少部分仅存有清晰的黑土带，黑土带宽3~4米。墙体长2657米，其中，保存差2513米、消失144米，分别占该段墙体总长的95%、5%。墙体沿线大部分被开垦为农田，种植有人工林。（彩图七八）

24.新惠长城（150430382301040024）

该段长城起自新惠镇簸箕沟村西南4.5千米，止于新惠镇下房申村东南0.37千米。墙体大体呈东南-西北走向。上接烧锅地长城，下接下房申长城1段。

该段长城为墙体消失段，起止点之间的直线长度为12400米。该段长城所处为敖汉旗政府驻地新惠镇，城镇建设将墙体完全毁坏。

25.下房申长城1段（150430382101040025）

该段长城起自新惠镇下房申村东南0.37千米，止于下房申村西北0.21千米。墙体修筑于平原地带，呈东南-西北走向。上接新惠长城，下接下房申长城2段。

墙体用黄土堆筑而成。整体保存差，墙体呈断断续续的土垄状。现存墙体宽4~6、残高0.1~0.3米。部分地段仅存黑土带，黑土带宽3~4米。墙体长565米。墙体沿线被开垦为农田，有村庄等。（彩图七九）

26.下房申长城2段（150430382301040026）

该段长城起自新惠镇下房申村西北0.21千米，止于新惠镇三宝山村西南0.02千米。墙体大体呈东南-西北走向。上接下房申长城1段，下接三宝山长城1段。

该段长城为墙体消失段，起止点之间的直线长度为2100米。该段长城所处有大片农田和人工林，有多处村庄，有一条国道由此穿过，导致墙体消失。

27.三宝山长城1段（150430382101040027）

该段长城起自新惠镇三宝山村西南0.02千米，止于三宝山村西北1.3千米。墙体修筑于平缓的黄土丘陵地带，呈东南-西北走向。上接下房申长城2段，下接三宝山长城2段。

墙体以自然平地为基础，黄土堆筑而成。整体保存差，墙体呈断断续续的土垄状，部分地段仅存宽1.5~3.5米的黑土带。现存墙体宽4~12、残高0.1~0.3米。墙体长1268米，其中，保存差1202米、消失66米，分别占该段墙体总长的95%、5%。

28.三宝山长城2段（150430382301040028）

该段长城起自新惠镇三宝山村西北1.3千米，止于撒力把乡齐大窝铺村东南0.23千米。墙体大体呈东南-西北走向。上接三宝山长城1段，下接齐大窝铺长城。

该段长城为墙体消失段，起止点之间的直线长度为2100米。该段长城所处为村庄和大片农田，墙体全部消失，起点有国道111穿过。

29.齐大窝铺长城（150430382101040029）

该段长城起自撒力把乡齐大窝铺村东南0.23千米，止于撒力把乡老牛槽沟村东南0.77千米。墙体修筑于平缓的丘陵地带，呈东-西走向。上接三宝山长城2段，下接老牛槽沟长城1段。

墙体以自然平地为基础，黄土堆筑而成。整体保存差，墙体形制不清晰，断断续续，隐约不清。大部分墙体消失，仅存有清晰的黑土带，黑土带宽3~4米。保存的少部分墙体呈低矮的土垄状，底宽约12、残高0.1~0.3米。墙体长1722米，其中，保存差1695米、消失27米，分别占该段墙体总长的98%、2%。墙体沿线或被开垦为耕地，或种植有人工林，有多处被乡村道路穿过，形成宽3~6米的豁口。

该段长城沿线调查1座障城，为齐大窝铺障城。

齐大窝铺障城（150430353102040006）

该障城位于撒力把乡齐大窝铺村南0.18千米。北距长城墙体0.01千米。

障城平面呈正方形，边长102米。障墙用黄土夯筑而成，夯层较为清晰，夯层厚0.08~0.12米。现存障墙底宽9~13、顶宽1~5、残高1~4.5米。门址位于南墙中部，宽10米，保存部分马蹄形瓮城遗迹，仅存长约10米的墙体。障城内、外被开垦为大片农田。障城内无任何遗迹，散落较多遗物，多为饰有绳纹的泥质灰陶片，有部分筒瓦、板瓦等建筑构件残片，筒瓦有外壁饰绳纹或素面者。（图五七；彩图八〇）

30.老牛槽沟长城1段（150430382101040030）

该段长城起自撒力把乡老牛槽沟村东南0.77千米，止于老牛槽沟村西南0.91千米。墙体修筑于平缓的山地上，呈东北-西南走向。上接齐大窝铺长城，下接老牛槽沟长城2段。

墙体以自然平地为基础，黄土堆筑而成。整体保存差，墙体形制不清晰，大部分墙体消失，仅见两条黑土带，为修筑墙体时于两侧挖沟取土成壕被掩埋所形成的遗迹，每条黑土带宽3~4米，间距12米。少部分地段保存有墙体，呈低矮的土垄状，几乎与地表齐平。现存墙体底宽约12、残高0.1~0.3米。墙体长1438米，其中，保存差1412米、消失26米，分别占该段墙体总长的98%、2%。墙体沿线或被开垦为耕地，或种植有人工林，多处被乡村道路和冲沟截断，形成豁口。

31.老牛槽沟长城2段（150430382101040031）

该段长城起自撒力把乡老牛槽沟村西南0.91千米，止于老牛槽沟村西南2.6千米。墙体修筑于起伏和缓的丘陵坡地，沿山坡由低处向高处延伸，呈东-西走向。上接老牛槽沟长城1段，下接陈家窝铺长城。

墙体以自然平地为基础，黄土堆筑而成。整体保存差，墙体形制不清晰，大部分墙体消失，仅见两条黑土带，为修筑墙体时于两侧挖沟取土成壕被掩埋所形成的遗迹，每条黑土带宽3~4米，间距11~12米。少部分地段保存有墙体，呈低矮的土垄状，几乎与地表齐平。现存墙体底宽约11、残高0.1~0.3米，墙体与黑土带合计宽19米。墙体长2031米，其中，保存差1863米、消失168米，分别占该段墙体总长的92%、8%。墙体沿线或被开垦为耕地，或种植有人工林，多处被乡村道路和冲沟破坏，形

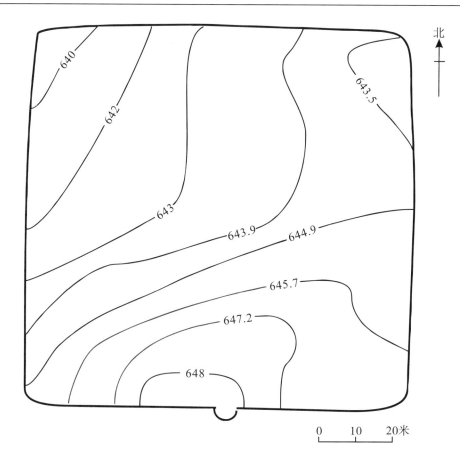

图五七　齐大窝铺障城平面图

成豁口。（彩图八一）

32.陈家窝铺长城（150430382101040032）

该段长城起自撒力把乡陈家窝铺村东北0.5千米，止于陈家窝铺村西北1.1千米。墙体呈东南-西北走向。上接老牛槽沟长城2段，下接关东沟长城1段。

墙体土筑而成。整体保存差，大部分地段仅见两条黑土带，为修筑墙体时于两侧挖沟取土成壕被掩埋所形成的遗迹，每条黑土带宽3~4米，间距11米。少部分地段保存有墙体，呈低矮的土垄状。现存墙体底宽约11、残高0.1~0.3米。墙体长1751米。墙体沿线被开垦为农田，分布有人工林。墙体起点有乡村道路穿过。（彩图八二）

33.关东沟长城1段（150430382102040033）

该段长城起自撒力把乡陈家窝铺村西北1.1千米，止于撒力把乡关东沟村北0.53千米。墙体修筑于由黄土丘陵向山地过渡地带，沿山脊分布，呈东南-西北走向。上接陈家窝铺长城，下接关东沟长城2段。

墙体以自然山体为基础，石块砌筑而成。墙体两侧用较大的石块砌筑，中间填以碎小石块。整体保存差，墙体大部分倒塌，呈低矮的石垄状，石块散落于两侧。现存墙体底宽顶窄，剖面呈梯形，底宽1.9~2.6、顶宽1~1.4、残高0.2~0.5米。墙体长884米。（彩图八三）

该段长城沿线调查1座烽燧，为关东沟烽燧。

关东沟烽燧（150430353201040001）

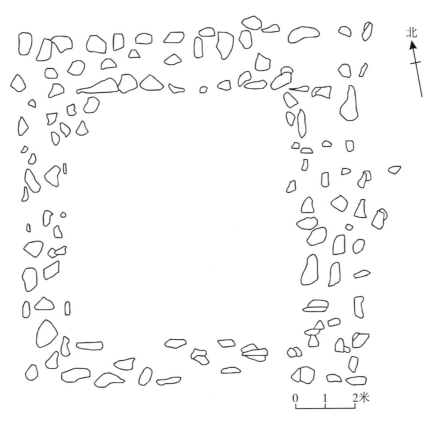

图五八　关东沟烽燧平面图

　　该烽燧位于撒力把乡关东沟村东北0.72千米。烽燧砌筑于视野开阔的山顶上，两侧连接长城墙体。

　　烽燧为石砌空心结构，用较大的石块砌筑而成。台体保存差，已倒塌，呈零乱的石丘状。台体平面呈近正方形，边长11.6米。台壁宽1.6~1.8、残高0.3~0.4米。（图五八；彩图八四）

34.关东沟长城2段（1504303821010040034）

　　该段长城起自撒力把乡关东沟村北0.53千米，止于关东沟村西北2.8千米。墙体修筑于平缓的丘陵地带，呈东南-西北走向。上接关东沟长城1段，下接夹信梁长城1段。

　　墙体以自然平地为基础，黄土堆筑而成。整体保存差，墙体形制不清晰，大部分地表以上墙体消失，仅见两条黑土带，为修筑墙体时于两侧挖沟取土成壕被掩埋所形成的遗迹，每条黑土带宽3.5~4米，间距11~13米。少部分墙体呈低矮的土垄状，底宽11~13、残高0.1~0.3米。墙体长2735米。墙体沿线大部分被开垦为耕地，有大片人工林。

35.夹信梁长城1段（1504303821010040035）

　　该段长城起自撒力把乡夹信梁村东北0.33千米，止于夹信梁村西北1.3千米。墙体修筑于平缓的丘陵地带，呈东-西走向。上接关东沟长城2段，下接夹信梁长城2段。

　　墙体以自然平地为基础，黄土堆筑而成。整体保存差，墙体形制不清晰，大部分消失，仅见两条黑土带，为修筑墙体时于两侧挖沟取土成壕被掩埋所形成的遗迹，每条黑土带宽约4米，间距13米。少部分地段保存墙体，呈低矮的土垄状，底宽13~14、残高0~0.3米。墙体长1482米。墙体沿线一侧被开垦为耕地，一侧种植有人工林。

36.夹信梁长城2段（1504303382101040036）

该段长城起自撒力把乡夹信梁村西北1.3千米，止于撒力把乡沟岔子村东北0.95千米。墙体呈东北-西南走向。上接夹信梁长城1段，下接沟岔子长城。

墙体以自然平地为基础，黄土堆筑而成。整体保存差，墙体形制不清晰，大部分消失，仅见两条黑土带，为修筑墙体时于两侧挖沟取土成壕被掩埋所形成的遗迹，每条黑土带宽约4米，间距13米。少部分地段保存有墙体，呈低矮的土垄状，底宽约13、残高0.2~0.5米。墙体长1353米，其中，保存差1313米、消失40米，分别占该段墙体总长的97%、3%。墙体大部分穿行于耕地和林地中。

37.沟岔子长城（1504303382301040037）

该段长城起自撒力把乡沟岔子村东北0.95千米，止于沟岔子村西北2.7千米。墙体大体呈东南-西北走向。上接夹信梁长城2段，下接小山长城1段。

该段长城为墙体消失段，起止点之间的直线长度为3300米。该段长城地处河谷冲击带，沟谷两侧被开垦为耕地，或种植有人工林，导致墙体消失。

38.小山长城1段（1504303382101040038）

该段长城起自撒力把乡沟岔子村西北2.7千米，止于撒力把乡小山村西1.6千米。墙体修筑于平缓的丘陵地带，呈东南-西北走向。上接沟岔子长城，下接小山长城2段。

墙体以自然平地为基础，黄土堆筑而成。整体保存差，墙体形制不清晰，大部分消失，仅见两条黑土带，为修筑墙体时于两侧挖沟取土成壕被掩埋所形成的遗迹，每条黑土带宽约4米，间距13米。少部分地段保存有墙体，呈低矮的土垄状，底宽约13、残高0.1~0.3米。墙体长1517米，其中，保存差1368米、消失149米，分别占该段墙体总长的90%、10%。墙体沿线或被开垦为耕地，或种植有小片人工林。（彩图八五）

39.小山长城2段（1504303382101040039）

该段长城起自撒力把乡小山村西1.6千米，止于小山村西南3.1千米。墙体修筑于平缓的丘陵地带，呈东北-西南走向。上接小山长城1段，下接土城子长城1段。

墙体以自然平地为基础，黄土堆筑而成。整体保存差，墙体形制不清晰，大部分仅为两条黑土带，为修筑墙体时于两侧挖沟取土成壕被掩埋所形成的遗迹，每条黑土带宽约4米，间距12米。少部分地段保存有墙体，呈低矮的土垄状，底宽约12、残高0~0.3米。墙体长1637米。墙体沿线被开垦为耕地，种植有人工林。墙体北侧有一道沟谷。

40.土城子长城（1504303382101040040）

该段长城起自撒力把乡土城子村西北0.6千米，止于土城子村西北1.7千米。墙体修筑于平缓的黄土丘陵地带，呈东南-西北走向。上接小山长城2段，下接兴隆屯长城1段。

墙体以自然平地为基础，黄土堆筑而成。整体保存差，墙体形制不清晰，大部分仅为两条黑土带，为修筑墙体时于两侧挖沟取土成壕被掩埋所形成的遗迹，每条黑土带宽约4米，间距12米。少部分地段保存有墙体，呈低矮的土垄状，底宽约12、残高0~0.3米。墙体长1372米。墙体沿线或被开垦为耕地，或种植有小片人工林。

该段长城沿线调查1座障城，为土城子障城。

土城子障城（1504303353102040007）

该障城位于撒力把乡土城子村北0.41千米。北距长城墙体0.157千米。

障城平面呈长方形，东西长50、南北长54米。障墙用黄土夯筑而成，门址位于东墙中部。整体保存较差，四周障墙大部分坍塌，呈较低矮的土垄状。障墙底宽10~12、残高0.3~0.5米。障城内、外

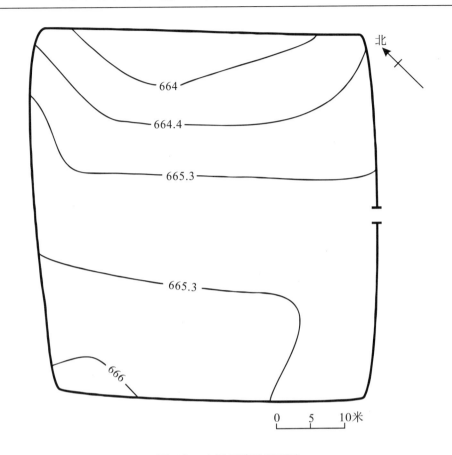

图五九　土城子障城平面图

被开垦为耕地。障城内无任何遗迹，散落较多遗物，多为饰有绳纹的泥质灰陶和夹砂红陶片，以及板瓦、筒瓦等建筑构件残片。（图五九）

41.兴隆屯长城1段（150430382101040041）

该段长城起自撒力把乡土城子村西北1.7千米，止于撒力把乡兴隆屯村南0.25千米。墙体修筑于平缓的黄土丘陵地带，呈东南-西北走向。上接土城子长城，下接兴隆屯长城2段。

墙体以自然平地为基础，黄土堆筑而成。整体保存差，墙体形制不清晰，大部分仅为两条黑土带，为修筑墙体时于两侧挖沟取土成壕被掩埋所形成的遗迹，每条黑土带宽约4米，间距12米。少部分地段保存有墙体，呈低矮的土垄状，底宽约12、残高0~0.3米。墙体长459米。墙体沿线或被开垦为耕地，或种植有小片人工林。

42.兴隆屯长城2段（1504303 82301040042）

该段长城起自撒力把乡兴隆屯村南0.25千米，止于松山区太平地乡三只虎村北。大体呈东南-西北走向。上接兴隆屯长城1段，下接松山区三只虎长城。

该段长城为河险，加上两侧的河道，长8800米。利用呈西南-东北流向的老哈河作为天然的防御体，

（三）赤峰市松山区

秦汉长城在松山区境内总长36906米，划分为10个调查段，包括土墙4段、石墙3段、消失3段。其

中，土墙保存差，长2930米；石墙保存差，长1131米；消失32845米。长城沿线调查2座烽燧。（参见地图三、六）

1.三只虎长城（150404382301040001）

该段长城起自太平地乡三只虎村村北，止于夏家店乡山水坡村西南0.55千米。墙体大体呈东北-西南走向。上接敖汉旗兴隆屯长城2段，下接山水坡长城1段。

该段长城为墙体消失段，起止点之间的长度为27700米。该段长城地处黄土丘陵地带，地势平缓，区域内多为老哈河冲击地带，大部分被开垦为耕地，村庄连片，道路纵横，公路沿线两侧有较多的人工林，导致墙体消失，无遗迹可寻。

2.山水坡长城1段（150404382102040002）

该段长城起自夏家店乡山水坡村西南0.55千米，止于山水坡村西南0.82千米。墙体修筑于地势较高的山地，沿山坡由低处向山顶延伸，呈东北-西南走向。上接三只虎长城，下接山水坡长城2段。

墙体土石混筑而成。从墙体断面观察，剖面呈梯形，中间部分为土筑，夹有少量石块，外侧用较大的石块包砌。整体保存差，墙体呈低矮的石垄状，两侧散落大量石块，应为墙体倒塌所致。现存墙体底宽9、顶宽3、残高0.2~0.4米。墙体长288米，其中，保存差230米、消失58米，分别占该段墙体总长的80%、20%。墙体两侧发现有壕沟痕迹，壕沟内土壤为黑色，由于年代久远，壕沟被填满，两侧壕沟宽2米。墙体有两处被矿山道路破坏，形成断口。（彩图八六）

3.山水坡长城2段（150404382101040003）

该段长城起自夏家店乡山水坡村西南0.82千米，止于山水坡村西南2.1千米。墙体修筑于平缓的山体顶部，沿山体分布，大体呈东北-西南走向。上接山水坡长城1段，下接山水坡长城3段。

墙体以自然平地为基础，挖沟堆筑而成。整体保存差，大部分仅见两条平行分布的黑土带，为修筑墙体时于两侧挖沟取土成壕被掩埋所形成的遗迹，北侧黑土带宽约5米，南侧黑土带宽约4米，间距13米。少部分地段保存有墙体，呈低矮的土垄状。现存墙体剖面呈梯形，宽14、残高0.2~0.4米。墙体加上两侧黑土带合计宽23米。墙体长1318米。墙体沿线被开垦为农田。

4.山水坡长城3段（150404382102040004）

该段长城起自夏家店乡山水坡村西南2.1千米，止于山水坡村西南2.8千米。墙体修筑于地势较高的山地上，沿山坡从山脚逐渐向上延伸至山顶，呈东北-西南走向。上接山水坡长城2段，下接后窑长城1段。

墙体土石混筑而成。从墙体断面观察，剖面呈梯形，中间部分为土筑，夹有少量石块，外侧用较大的石块包砌。整体保存差，墙体呈低矮的石垄状，两侧散落大量石块，应为倒塌所致。现存墙体底宽11、顶宽2.5~3、残高0.3~1.3米。墙体长778米，其中，保存差525米、消失253米，分别占该段墙体总长的67%、33%。由于开矿采石、修路等原因，导致山体破坏严重。（彩图八七）

5.后窑长城1段（150404382101040005）

该段长城起自夏家店乡山水坡村西南2.8千米，止于山水坡村西南3.4千米。墙体修筑于平缓的黄土丘陵地带，呈东北-西南走向。上接山水坡长城1段，下接山水坡长城3段。

墙体土筑而成。整体保存差，大部分地段地表仅见两条平行分布的黑土带，为修筑墙体时于两侧挖沟取土成壕被掩埋所形成的遗迹，每条黑土带宽约4米，间距12米。少部分地段保存有墙体，呈低矮的土垄状。现存墙体宽约12、残高0.2~0.5米。墙体长565米。墙体所处地势稍有起伏，大部分被开垦为农田，一部分为村庄所占。

6.后窑长城2段（150404382301040006）

该段长城起自夏家店乡山水坡村西南3.4千米，止于夏家店乡八家村西南1.4千米。墙体大体呈东北-

西南走向。上接后窑长城1段，下接八家长城1段。

该段长城为墙体消失段，起止点之间的直线长度为3600米。该段长城地处平缓的黄土丘陵地带，地势稍有起伏，大部分被开垦为农田，部分地段被村庄所占，导致墙体消失，无遗迹可寻。

7.八家长城1段（150404382102040007）

该段长城起自夏家店乡八家村三队西南1.4千米，止于八家村三队西南1.7千米。墙体修筑于起伏的山地丘陵地带，沿山脊分布，呈东北–西南走向。上接后窑长城2段，下接八家长城2段。

墙体石筑而成。从墙体断面观察，剖面呈梯形，两侧比中间稍高。整体保存差，墙体大部分倒塌，仅存基础部分，两侧散落有大量石块，呈低矮的石垄状。现存墙体底宽4.6~9、顶宽2.3、残高0.3~1.3米。墙体长494米，其中，保存差376米、消失118米，分别占该段墙体总长的76%、24%。墙体所处沟壑纵横，由于人为开矿采石、修路等原因，导致山体破坏严重。（彩图八八）

8.八家长城2段（150404382101040 008）

该段长城起自夏家店乡八家村三队西南1.7千米，止于八家村三队西南2.1千米。墙体修筑于山体平缓的顶部，呈东北–西南走向。上接八家长城1段，下接八家长城3段。

墙体土筑而成。整体保存差，墙体形制不清晰，大部分呈低矮的土垄状，稍高于地表，宽约12、残高0.3米。部分墙体两侧黑土带明显，每条黑土带宽4~5米。墙体长491米。墙体地处山地丘陵地带，沿线大部分被开垦为农田。

该段长城沿线调查2座烽燧，为八家1号、2号烽燧。

八家1号烽燧（1504043532010400 01）

该烽燧位于夏家店乡八家村三队西南2.1千米。烽燧修筑于平缓的山顶上，两侧连接长城墙体。东南距八家2号烽燧0.058千米。

烽燧为石砌空心结构。台体保存差，仅存基础，呈石丘状。台体平面呈近圆形，直径9~10.3米。台壁宽2、残高0.8~0.9米。台体北壁被人为挖出一道壕沟。台体周围散落较多石块，应为倒塌所致。烽燧中间有一座人工堆积的敖包。（图六〇；彩图八九）

八家2号烽燧（1504043532010400 02）

该烽燧位于夏家店乡八家村三队西南2.1千米。东连八家长城2段墙体，西侧紧邻山体的断崖峭壁。西北距八家1号烽燧0.058千米。

烽燧为石砌空心结构。台体保存差，仅存基础。台体平面呈长方形，东西长7、南北长9米。台壁宽2、残高0.4~0.6米。（图六一；彩图九〇）

9.八家长城3段（150404382301040009）

该段长城起自夏家店乡八家村三队西南2.1千米，止于夏家店乡夏家店村东北0.47千米。墙体大体呈东北–西南走向。上接八家长城2段，下接夏家店长城。

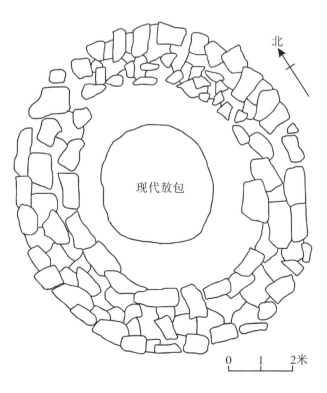

图六〇　八家1号烽燧平面图

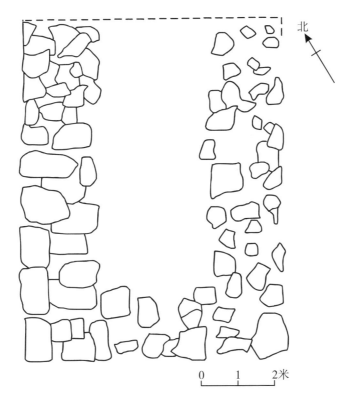

图六一　八家2号烽燧平面图

该段长城为墙体消失段，起止点之间的直线长度为642米。该段长城地处高低起伏的丘陵地带，四周层峦叠嶂，沟壑纵横，种植有大片杏树。墙体消失，无遗迹可寻。

10.夏家店长城（150404382101040010）

该段长城起自夏家店乡夏家店村东北0.47千米，止于夏家店村西北0.69千米。墙体修筑于高低起伏的黄土丘陵地带，为秦汉长城在赤峰市境内西部的最后一段墙体，大体呈东-西走向。上接八家长城3段。

墙体用黄土堆筑而成。整体保存差，保存有两条平行走向的清晰黑土带，每条黑土带宽4~5米，间距12米。墙体长1030米，其中，保存差556米、消失474米，分别占该段墙体总长的54%、46%。墙体沿线大部分被开垦为农田，种植有大片枣树，有一些设施农业。周围沟壑纵横，对墙体的损害较大。（彩图九一）

第四章

通辽市库伦旗西汉长城

新发现的库伦旗西汉长城，仅见于通辽市库伦旗境内，大体呈西南–东北走向。在本次调查中，把墙体分为24段，总长28058米。长城沿线调查烽燧、障城各2座。（地图八、参见地图一）

具体情况如下表所示。（表三）

表三　通辽市库伦旗西汉长城数据简表

墙体（长度：米）					单体建筑（座）	
土墙			河险	消失	烽燧	障城
一般	较差	差				
3636	15358	3598	1767	3699	2	2

一　长城墙体分布与走向

库伦旗西汉长城墙体的最南端发现于库伦旗白音花镇乃曼格尔村东北1.4千米，紧邻厚很河北岸。为土筑墙体，顺着乃曼格尔村东北方向从南向北穿行于耕地之中，经东通什村东、色楞稿村西、敖和板村东、西牌楼村东、马营子村东，此后，先后利用一段铁牛河和库伦河的天然河道作为河险，墙体时断时续，至库伦镇东皂户沁嘎查东，为可见土筑长城墙体的最后一段。（参见地图八）

此后，墙体完全消失。在调查中，通过走访长城沿线的村民得知，此段长城原一直延伸至养畜牧河南岸，墙体分布线路与省道305大体一致。后来，由于村镇建设、道路修筑、长年耕种和沙地的特殊环境等原因，导致墙体消失无存。

二　长城墙体与单体建筑保存现状

库伦旗西汉长城墙体总长28058米，包括土墙14段、河险2段、消失8段。其中，土墙保存一般3636米、较差15358米、差3598米、消失3699米；河险长1767米。长城沿线调查烽燧和障城各2座。（参见

地图八）

1.乃曼格尔长城1段（150524382101040001）

该段长城为库伦旗西汉长城南端的第一段墙体。起于白音花镇乃曼格尔村东北1.4千米，止于乃曼格尔村东北3.1千米。起点南侧有一条东西向大冲沟，再往南紧临厚很河北岸，过了厚很河为辽宁省阜新市平安地镇八家子村，八家子村附近未发现长城墙体。墙体大体呈南-北走向。北接乃曼格尔长城2段。

墙体以自然为基础，挖土堆筑而成，筑土为黑沙土。整体保存较差，墙体坍塌呈土垄状。现存墙体剖面略呈梯形，底宽1~4、顶宽0.2~1.5、残高0.2~2米。墙体长2234米，其中，保存较差1711米、差523米，分别占该段墙体总长的76%、24%。（彩图九二）

墙体西侧有乃曼格尔障城，障城东墙利用长城墙体。

乃曼格尔障城（150524353102040001）

该障城位于白音花镇乃曼格尔村东北2千米。修筑于一座孤山的南坡上，北临五头山。

障城平面呈长方形，东西长约27、南北长7.4米。受自然和人为因素的破坏，障墙保存较差，濒临消失，痕迹比较模糊。现存障墙残高0.3~2.2米，门址不清，推测应于西墙开门。（彩图九三）

2.乃曼格尔长城2段（150524382301040002）

该段长城起自白音花镇乃曼格尔村东北3.1千米，止于乃曼格尔村东北4.9千米。墙体大体呈南-北走向。上接乃曼格尔长城1段，下接乃曼格尔长城3段。

该段长城为墙体消失段，起止点之间的直线长度为1800米。由于三个大冲沟及风雨侵蚀、耕地破坏，导致墙体消失。

3.乃曼格尔长城3段（150524382101040003）

该段长城起自白音花镇乃曼格尔村东北4.9千米，止于乃曼格尔村东北5.5千米。墙体大体呈南-北走向。上接乃曼格尔长城2段，下接乃曼格尔长城4段。

墙体以自然为基础，黑沙土堆筑而成。整体保存较差，墙体坍塌呈土垄状。现存墙体剖面略呈梯形，底宽1.5~6、顶宽0.2~0.5、残高0.5~1.5米。墙体长656米。墙体起点南侧有三个相连的大冲沟。（彩图九四）

4.乃曼格尔长城4段（150524382301040004）

该段长城起自白音花镇乃曼格尔村东北5.5千米，止于乃曼格尔村东北5.6千米。墙体大体呈南-北走向。上接乃曼格尔长城3段，下接乃曼格尔长城5段。

该段长城为墙体消失段，起止点之间的直线长度为127米。因冲沟的破坏，导致墙体完全消失。

5.乃曼格尔长城5段（150524382101040005）

该段长城起自白音花镇乃曼格尔村东北5.6千米，止于乃曼格尔村东北7.1千米。墙体大体呈南-北走向。上接乃曼格尔长城4段，下接乃曼格尔长城6段。

墙体以自然为基础，黑沙土堆筑而成。整体保存较差，墙体坍塌呈土垄状。现存墙体剖面略呈梯形，底宽0.5~4、顶宽0.2~1.5、残高0.5~2米。墙体长1531米，其中，保存较差1230米、差189米、消失112米，分别占该段墙体总长的80%、12%、8%。墙体中间有冲沟。

6.乃曼格尔长城6段（150524382301040006）

该段长城起自白音花镇乃曼格尔村东北7.1千米，止于乃曼格尔村东北7.6千米。墙体大体呈南-北走向。上接乃曼格尔长城5段，下接东通什长城1段。

该段长城为墙体消失段，起止点之间的直线长度为109米。主要因冲沟导致墙体消失。

7.东通什长城1段（150524382101040007）

该段长城起自白音花镇东通什村东0.6千米，止于东通什村东0.69千米。墙体大体呈南-北走向。上接乃曼格尔长城6段，下接东通什长城2段。

墙体以自然为基础，黑沙土堆筑而成。整体保存差。现存墙体剖面略呈梯形，底宽1.5~6、顶宽0.2~0.5、残高0.2~1米。墙体长440米，其中，保存差415米、消失25米，分别占该段墙体总长的94%、6%。修筑乡村道路等因素对墙体造成破坏，白音花镇至先进苏木的乡村砂石路从墙体中段穿过。

8.东通什长城2段（150524382301040008）

该段长城起自白音花镇东通什村东0.6千米，止于东通什村东北0.95千米。大体呈东南-西北走向。上接东通什长城1段，下接东通什长城3段。

该段长城为墙体消失段，起止点之间的直线长度为388米。主要因冲沟导致墙体消失。

9.东通什长城3段（150524382101040009）

该段长城起自白音花镇东通什村东0.95千米，止于东通什村东北2.1千米。墙体大体呈南-北走向。上接东通什长城2段，下接东通什长城4段。

墙体以自然为基础，黑沙土堆筑而成。整体保存较差，坍塌呈土垄状。现存墙体剖面略呈梯形，底宽1.5~6、顶宽0.2~1、残高0.2~2米。墙体长1235米，其中，保存较差814米、差421米，分别占该段墙体总长的66%、34%。（彩图九五）

10.东通什长城4段（150524382301040010）

该段长城起自白音花镇东通什村东北2.1千米，止于东通什村东北2.3千米。墙体大体呈南-北走向。上接东通什长城3段，下接色楞稿长城。

该段长城为墙体消失段，起止点之间的直线长度为204米。主要因冲沟导致墙体消失。

11.色楞稿长城（150524382101040011）

该段长城起自白音花镇色楞稿村西北0.81千米，止于色楞稿村西北2.1千米。墙体修筑于色楞稿村西的花头山顶部，大体呈南-北走向。上接东通什长城4段，下接敖和板长城1段。

墙体以自然为基础，黑沙土堆筑而成。整体保存较差，已坍塌。现存墙体剖面略呈梯形，底宽1.5~5、顶宽0.2~0.5、残高0.2~2米。墙体长1581米，其中，保存较差993米、差579米、消失9米，分别占该段墙体总长的63%、37%、1%。因冲沟的破坏，导致部分墙体消失。

12.敖和板长城1段（150524382101040012）

该段长城起自白音花镇敖和板村东0.03千米，止于敖和板村东北1.2千米。墙体修筑于敖和板村东的农田中，呈西南-东北走向。上接色楞稿长城，下接敖和板长城2段。

墙体以自然为基础，黑沙土堆筑而成。整体保存较差，已坍塌。现存墙体剖面略呈梯形，底宽1.5~4、顶宽0.2~0.5、残高0.2~1.5米。墙体长1254米，其中，保存较差983米、差271米，分别占该段墙体总长的78%、22%。墙体起点南侧有一条乡村土路，

13.敖和板长城2段（150524382301040013）

该段长城起自白音花镇敖和板村东北1.2千米，止于敖和板村东北1.5千米。墙体呈西南-东北走向。上接敖和板长城1段，下接敖和板长城3段。

该段长城为墙体消失段，起止点之间的直线长度为241米。主要因冲沟导致墙体消失。

14.敖和板长城3段（150524382101040014）

该段长城起自白音花镇敖和板村东北1.5千米，止于敖和板村东北2.7千米。墙体呈西南-东北走向。上接敖和板长城2段，下接敖和板长城4段。

墙体以自然为基础，挖沟取土堆筑而成。整体保存较差，墙体穿行于树林之中，受破坏严重，呈低矮的土垄状，略突出于地表。现存墙体剖面略呈梯形，底宽1.5~4、顶宽0.2~0.5、残高0.5~2米。墙体长620米。墙体止点由于人为取土而遭到破坏。（彩图九六）

15.敖和板长城4段（150524382301040015）

该段长城起自白音花镇敖和板村东北2.7千米，止于敖和板村东北2.9千米。墙体呈西南－东北走向。上接敖和板长城3段，下接敖和板长城5段。

该段长城为墙体消失段，起止点之间的直线长度为183米。主要因冲沟导致墙体消失，沟内有乡村道路，西侧0.5千米为东敖海白兴嘎查。

16.敖和板长城5段（150524382101040016）

该段长城起自白音花镇敖和板村东北2.9千米，止于敖和板村东北3.5千米。墙体呈西南－东北走向。上接敖和板长城4段，下接西牌楼长城1段。

墙体以自然为基础，黑沙土堆筑而成。整体保存差，墙体坍塌严重，呈高低不平的土垄状。现存墙体剖面略呈梯形，底宽1.5~4、顶宽0.2~0.5、残高0.5~2米。墙体长1200米。墙体周围为农田，部分墙体上修筑有乡村道路。

17.西牌楼长城1段（150524382101040017）

该段长城起自白音花镇西牌楼村东南0.84千米，止于西牌楼村东0.53千米。墙体大体呈西南－东北走向。上接敖和板长城5段，下接西牌楼长城2段。

墙体以自然为基础，黑沙土堆筑而成。整体保存较差，墙体呈高低不平的土垄状。现存墙体剖面略呈梯形，底宽1.5~4、顶宽0.2~0.5、残高0.5~2米。墙体长842米。墙体周围有农田，导致墙体坍塌严重，部分墙体上修筑有乡间道路，或遭人为取土破坏，（彩图九七）库伦至阜新的柏油路从墙体北侧通过。

18.西牌楼长城2段（150524382301040018）

该段长城起自白音花镇西牌楼村东南0.53千米，止于西牌楼村东北0.62千米。墙体大体呈西南－东北走向。上接西牌楼长城1段，下接西牌楼长城3段。

该段长城为墙体消失段，起止点之间的直线长度为228米。主要是修路、取土、盖房、耕种等因素破坏了墙体，库伦至阜新的柏油路穿过墙体。

19.西牌楼长城3段（150524382101040019）

该段长城起自白音花镇西牌楼村东北0.62千米，止于西牌楼村东2.6千米。墙体大体呈西南－东北走向。上接西牌楼长城2段，下接马营子长城1段。

墙体以自然为基础，黑沙土堆筑而成。整体保存较差，墙体呈高低不平的土垄状。墙体剖面略呈梯形，底宽1.5~8、顶宽0.2~0.5、残高0.5~3米。墙体长2635米，其中，保存一般423米、较差2128米、消失84米，分别占该段墙体总长的16%、81%、3%。墙体周围有农田，导致墙体坍塌严重，部分墙体上修筑有乡村道路。

20.马营子长城1段（150524382101040020）

该段长城起自白音花镇马营子村东北0.81千米，止于马营子村东北2千米。墙体大体呈西南－东北走向。上接西牌楼长城3段，下接马营子长城2段。

墙体以自然为基础，黑沙土堆筑而成。整体保存较差，墙体呈高低不平的土垄状。墙体剖面略呈梯形，底宽1.5~8、顶宽0.2~0.5、残高0.5~2.5米。墙体长2860米，其中，保存一般913米、较差1900米、消失47米，分别占该段墙体总长的32%、66%、2%。墙体周围农田遍布，导致墙体坍塌严重，部分墙体上修筑有乡村道路。（彩图九八）墙体北侧有铁牛河和库伦河，库伦至阜新的柏油路从马营子村西侧通过。

21.马营子长城2段（150524382107040021）

该段长城起自白音花镇马营子村东北2千米，止于马营子村东北3.3千米。呈西南–东北走向。上接马营子长城1段，下接马营子长城3段。

该段长城为河险，长1300米。利用铁牛河为河险作为防御。

22.马营子长城3段（150524382101040022）

该段长城起自白音花镇马营子村东北3.3千米，止于马营子村东北6.7千米。墙体呈西南–东北走向。上接西牌楼长城2段，下接马营子长城4段。

墙体以自然为基础，黑沙土堆筑而成。整体保存一般，墙体呈高低不平的土垄状。墙体剖面略呈梯形，底宽1.5~6、顶宽0.2~1.5、残高0.2~3米。墙体长3400米，其中，保存一般2300米、较差1100米，分别占该段墙体总长的68%、32%。墙体周围遍布农田，导致墙体坍塌严重。

该段长城沿线调查1座障城，为马营子障城。

马营子障城（150524353102040002）

该障城位于白音花镇马营子村东北6.8千米。

障城平面呈近长方形，东西长62、南北长108米。障城东墙利用马营子长城3段墙体。整体保存较差，障墙坍塌严重，轮廓可隐约辨识。障墙残高0.3~2米，门址位于西墙中部，门宽6米。障城周围有人工种植的树林，障城内为耕地。人为因素导致障城破坏较为严重。（图六二；彩图九九）

23.马营子长城4段（150524382107040023）

该段长城起自白音花镇马营子村东北6.7千米，止于马营子村东北7.1千米。呈南–北走向。上接马营子长城3段，下接东皂户沁长城。

该段长城为河险，长467米。利用库伦河为河险作为防御。起止点各有一座烽燧，起点南侧为马营子1号烽燧，止点北侧为马营子2号烽燧。

马营子1号烽燧（150524353201040001）

该烽燧位于白音花镇马营子村东北7.1千米。烽燧修筑于库伦河南岸，南距马营子障城0.63千米。

烽燧土筑而成。台体保存较差，坍塌呈土丘状，夯层不明显。台体周长42、残高12米。（彩图一〇〇）

马营子2号烽燧（150524353201040002）

该烽燧位于白音花镇马营子村东北7.5千米。烽燧修筑于库伦河北岸，隔河与马营子1号烽燧相望，两者相距0.47千米。

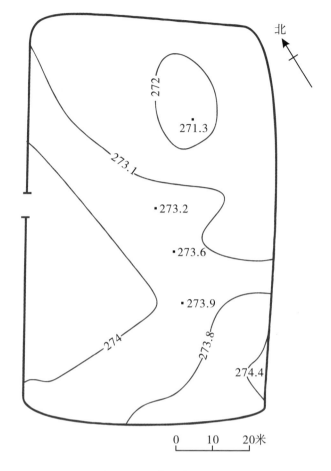

北

272

271.3

273.1

273.2

273.6

273.9

274

273.8

274.4

0　　10　　20米

图六二　马营子障城平面图

烽燧土筑而成。台体保存较差，坍塌呈土丘状，夯层不明显。台体平面呈近圆形，直径15、残高15米。（彩图一〇一）

24.东皂户沁长城（150524382101040024）

该段长城起自库伦镇东皂户嘎查南0.41千米，止于东皂户嘎查东北2千米。墙体修筑于库伦镇东侧新城内，起点南侧为库伦河，大体呈西南-东北走向。上接马营子长城4段，其后地段墙体消失不存。

墙体以自然为基础，黑沙土堆筑而成。整体保存较差，墙体呈高低不平的土垄状。墙体剖面略呈梯形，底宽1.5~8、顶宽0.2~1.5、残高0.5~3米。墙体长2523米，其中，保存较差2381米、消失142米，分别占该段墙体总长的94%、6%。墙体周围有农田，对墙体破坏较为严重。墙体中部西侧有库伦至彰武的柏油路通过。（彩图一〇二）

第五章

东汉长城

辽西地区南部的东汉长城主要分布于赤峰市境内，通辽市未见相关遗存。

在赤峰市境内，东汉长城以烽燧为主，辅以壕堑和障城，由东向西穿越喀喇沁旗和宁城县，绵延190千米。由于历史上大部分壕堑被沙土掩埋，现断续发现并调查壕堑13段，总长12507米。沿线调查烽燧47座、障城5座。（地图九、参见地图一、四）

具体情况如下表所示。

表四　东汉长城数据简表

分布行政区域		壕堑（长度：米）	单体建筑（座）	
			烽燧	障城
赤峰市	喀喇沁旗	4220	19	2
	宁城县	8287	28	3
总　计		12507	47	5

一　长城遗迹分布与走向

东汉长城的烽燧、壕堑和障城等遗迹，东自辽宁省朝阳市越过老哈河进入赤峰市喀喇沁旗境内，自东向西穿越喀喇沁旗东南部，经过乃林镇牛舍村、新房身村、三道沟村、柳灌沟村、米家营子村、新丘村、百宝营子村、炮手营子村、北山根村，西桥乡贾家梁村、三眼井村、二道村附近。

转而进入宁城县，经小城子镇马牛草沟村、水泉村、桃海村、敖汉营子村、八家村、南山根村，沿八里罕河西侧的七老图山麓地带向南，经甸子镇黑城沟村折向西，沿黑里河北岸经三道营子村、热水沟村、大宝贝台村、白石头村，再经黑里河镇打虎石村、老爷庙村、丛家山头村、小窑沟村、罗匠沟门村，进入黑里河自然保护区，在石洞子梁村、大营子村、南毛村、河南营子村附近多沿山脊分布，逦迤向西南进入河北省承德市境内。（参见地图四、九）

二　长城遗迹保存现状

与战国燕北长城、秦汉长城不同，东汉长城的主体是烽燧，断续保存有壕堑，包括一部分障城。在对烽燧、壕堑和障城等遗迹的具体描述中，为叙述方便，以旗县为单位，将壕堑、烽燧、障城按照由东向西的顺序，逐个予以详细描述。

（一）赤峰市喀喇沁旗

在喀喇沁旗境内，调查烽燧19座、壕堑4段、障城2座。（参见地图四）

1.朱碌嘎山烽燧（150428353201040001）

该烽燧位于乃林镇牛舍村西南1.4千米。烽燧修筑于平缓的丘陵地带，地势平坦，视野开阔。

烽燧用黄土夯筑而成。台体保存较差，呈圆形土丘状。台体平面呈圆形，剖面呈梯形，底部直径17、顶部直径4.4、残高2米，夯层厚0.08~0.12米。台体上生长有较多杂草，周围被开垦为大片农田。（彩图一〇三）

2.新房身烽燧（150428353201040002）

该烽燧位于乃林镇新房身村西南0.77千米。烽燧修筑于平缓的丘陵地带，地势平坦，视野开阔。东北距朱碌嘎烽燧1.38千米，西南距三道沟1号烽燧1.5千米。

烽燧用黄土夯筑而成。台体保存差，形制和结构不清晰，大部分消失，呈低矮的土丘状。台体平面呈圆形，剖面呈梯形，底部直径19、顶部直径8、残高1.5米。台体上生长较多杂草，周围被开垦为大片农田。台体东半部被人为取土破坏，损毁较为严重。烽燧周围散布少量陶片，为泥质灰、红陶，火候较高，质地坚硬，器表纹饰有绳纹和素面两种，器形无法辨识。

3.三道沟壕堑（150428382201040001）

该段壕堑东起自乃林镇三道沟村西南0.83千米，西止于乃林镇柳灌沟村东1.4千米。大体呈东北–西南走向。

壕堑基本以自然平地为基础，依山势走向，先挖一条较宽的壕沟，将挖出的土堆筑于壕沟两侧，形成两道墙体。长1834米。整体保存差，壕沟剖面呈倒梯形，口宽约12、底宽约6、深约1米。两侧土筑墙体剖面呈梯形，南侧墙体底宽约4、顶宽约2、残高约0.6米，北侧墙体底宽约4.4、顶宽约2.3、残高约0.2米。由于破坏严重，多数地段不很清晰，部分地段壕堑两侧堆筑的墙体被推平。（彩图一〇四）

三道沟壕堑南侧有三道沟1~4号烽燧。

4.三道沟1号烽燧（150428353201040003）

该烽燧位于乃林镇三道沟村西南0.71千米、三道沟壕堑起点的南沿上。烽燧修筑于平缓的丘陵地带，地势平坦，视野开阔。东北距新房身烽燧1.5千米，西南距三道沟2号烽燧0.67千米。

烽燧用黄土夯筑而成。台体保存差，形制和结构尚存，呈圆形土丘状。台体平面呈圆形，剖面呈梯形，底部直径35、顶部直径8、残高3.5米。烽燧周围散落有少量汉代陶片和瓦片。（彩图一〇五）

5.三道沟2号烽燧（150428353201040004）

该烽燧位于乃林镇三道沟村西南1.4千米。烽燧修筑于平缓的丘陵地带，地势平坦，视野开阔。北距三道沟壕堑0.024千米，东北距三道沟1号烽燧0.67千米，西南距三道沟3号烽燧0.54千米。

烽燧用黄土夯筑而成。台体保存差，形制和结构尚存，呈圆形土丘状。台体平面呈圆形，剖面呈梯形，底部直径25、顶部直径8、残高2.5米，夯层厚0.08~0.15米。台体顶部和东北壁各有一处现代盗坑。烽燧周围散落有少量陶片和板瓦残片。板瓦为泥质灰陶，火候较高，质地坚硬，外壁饰有弦纹和绳纹，内壁有明显的布纹和席纹痕迹。

6.三道沟3号烽燧（150428353201040005）

烽燧位于乃林镇三道沟村西南1.9千米。烽燧修筑于三道沟壕堑南沿起伏的黄土丘陵地带，所处地势较高。东北距三道沟2号烽燧0.54千米，西南距三道沟4号烽燧0.66千米。

烽燧保存差。台体破坏较为严重，形制和结构不清晰，呈圆形土丘状。台体平面呈圆形，剖面呈梯形，底部直径25、顶部直径8、残高2.5米，夯层厚0.08~0.15米。台体上堆放大量石块，为现代人堆砌的敖包。烽燧周围散落有少量陶片和筒瓦残片，陶片为泥质灰陶，火候较高，质地坚硬，饰有绳纹，器形无法辨认；筒瓦为泥质灰陶，火候较高，质地坚硬，外壁饰有绳纹，内壁有明显布纹痕迹。烽燧周围植被一般，北侧种植有大片人工林。

7.三道沟4号烽燧（150428353201040006）

烽燧位于乃林镇三道沟村西南2.5千米。烽燧修筑于起伏的黄土丘陵地带，地势较高，起伏较大。北距三道沟壕堑0.58千米，东北距三道沟3号烽燧0.66千米，西南距柳灌沟烽燧1.4千米。

烽燧保存差。台体破坏较为严重，形制和结构不清晰，呈圆形土丘状。台体平面呈圆形，剖面呈梯形，底部直径24、顶部直径5.5、残高3.5米，夯层厚0.08~0.15米。台体上生长有较多杂草，顶部有一处盗坑。烽燧周围种植有杏树，育林坑紧邻台体，对台体的保存构成潜在威胁。（彩图一〇六）

8.柳灌沟壕堑（150428382201040002）

该段壕堑东起自乃林镇柳灌沟村东1.2千米，西止于柳灌沟村东南1.5千米。呈东北-西南走向。

壕堑长1419米。整体保存差，部分地段遭冲沟破坏，保存较清晰部分可见壕沟和壕沟两侧的土筑墙体。壕沟剖面大体呈倒梯形，口宽约6.7、底宽约2、深0.3~0.7米。两侧墙体用黄土堆筑而成，南侧墙体较北侧墙体于地表略微显现；南侧墙体呈低矮的土垄状，底宽约4、顶宽1~2、残高0.2~0.6米；北侧墙体大部分模糊不清。（彩图一〇七）

9.柳灌沟烽燧（150428353201040007）

烽燧位于乃林镇柳灌沟村东南1.5千米。烽燧修筑于平缓的丘陵地带，地势平坦，视野开阔。紧邻柳灌沟壕堑止点，东北距三道沟4号烽燧1.4千米，西南距瓦房山障城0.684千米。

烽燧用黄土夯筑而成。台体保存差，呈圆形土丘状。台体平面呈圆形，剖面呈梯形，底部直径22、顶部直径6.5、残高2.7米。台体顶部有一处人为盗挖的圆形盗坑，从露出的剖面观察，夯层较明显，夯层厚0.08~0.15米。（彩图一〇八）

10.瓦房山障城（150428353102040001）

该障城位于乃林镇瓦房山村西北2.2千米。西北距柳灌沟壕堑0.719千米。

障城所处地段为大片的农田，导致障城保存差。障墙大部分无存，残存部分呈略高于地表的土垄状。障墙外护城壕遗迹较为明显，环绕障城，壕深0.8~1.8米。由护城壕可见障城平面近圆形，直径约107米。障城内有一座烽燧，城门位于障城南墙，不清晰。（图六三；彩图一〇九）

11.米家营子壕堑（150428382201040003）

该段壕堑东起自乃林镇米家营子村东南0.97千米，西止于米家营子村东南0.5千米。大体呈东-西走向。

壕堑长701米。整体保存差，壕堑所处地段被开垦为农田，破坏严重，大部分地段形制结构不清晰，部分地段依稀可辨壕堑形制。壕堑口宽约9、深0.3~1.2米。两侧土筑墙体中，南侧墙体底宽约4、顶宽约1、残高0.5~0.8米，北侧墙体辨认不清。（图六四）

12.米家营子烽燧（150428353201040008）

该烽燧位于乃林镇米家营子村东南0.83千米。修筑于平缓的丘陵地带，地势平坦，视野开阔。北距米家营子壕堑0.41千米。

烽燧用黄土夯筑而成，夯土中夹杂有少量砂石。台体保存差，呈圆形土丘状。台体平面呈圆形，剖面呈梯形，底部直径27、顶部直径10、残高1.8米。从露出的台体断面观察，夯层较明显，夯层厚约0.1米。

13.新丘烽燧（150428353201040009）

该烽燧位于乃林镇新丘村东北0.44千米。烽燧修筑于平缓的土丘顶部。东距米家营子烽燧1.9千米，西距百宝营子烽燧1.2千米。

烽燧用黄土夯筑而成，夯土中夹杂有少量砂石。台体保存差，呈圆形土丘状。台体平面呈圆形，剖面呈梯形，底部直径19、顶部直径8、残高2.1米。台体顶部有多处人为盗洞，从露出的台体断面观察，夯层较明显，夯层厚0.08~0.13米。由于人为取土，导致台体损毁近四分之一。（彩图一一〇）

14.百宝营子烽燧（150428353201040010）

该烽燧位于乃林镇百宝营子村西北0.67千米。东距新丘烽燧1.2千米，西距炮手营子烽燧0.645千米。

烽燧用黄土夯筑而成。台体保存差，大部分被开垦的农田所破坏。台体平面呈长方形，东西长4.7、南北长1.8、残高0.5米，夯层厚0.08~0.13米。烽燧周围散落有少量陶片，为泥质灰陶，火候较高，质地坚硬，饰有绳纹，器形无法辨认。

15.炮手营子烽燧（150428 353201040011）

该烽燧位于乃林镇炮手营子村南0.39千米。东距百宝营子烽燧0.645千米。

烽燧保存差。台体损毁严重，形制和结构无存，地表遗迹稍有隆起，散落较多陶片、筒瓦残片等。陶片均为泥质灰陶，火候较高，质地坚硬，不见纹饰。筒瓦为泥质灰陶，火候较高，质地坚硬，外壁饰有绳纹。据当地居民回忆，该烽燧在20世纪90年代还保存有明显的台体，近年来在平整土地时

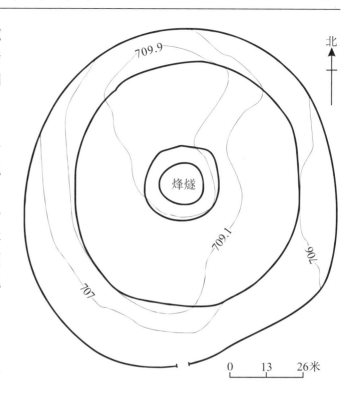

图六三　瓦房山障城平面图

图六四　米家营子壕堑剖面图

被损毁。

16.贾家梁烽燧（150428353201040012）

该烽燧位于西桥乡贾家梁村东南0.71千米。东北距炮手营子烽燧1.3千米。

烽燧保存差。部分台体遭人为取土，呈不规则土丘状。台体平面呈圆形，底部直径约18、顶部直径约5、残高2.1米。台体损毁处露出明显的夯土层，夯层厚0.05~0.1米。

17.北山根1号烽燧（150428353201040013）

该烽燧位于乃林镇北山根村西南0.93千米。烽燧修筑于平缓的丘陵地带，视野开阔。西北距北山根2号烽燧0.157千米。

烽燧用黄土夯筑而成。台体保存差，呈圆形土丘状。台体平面呈圆形，剖面呈梯形，底部直径约31、顶部直径约8、残高4.1米，夯层厚0.08~0.15米。台体上及周围长满杂草，顶部偏北有一处人为盗洞。烽燧南、北、西侧的耕地将部分台体推平；东侧较近处有一条南北向的冲沟，对烽燧形成潜在的威胁。（彩图一一一）烽燧周围散落有少量灰陶片。

18.北山根2号烽燧（150428353201040014）

该烽燧位于乃林镇北山根村西1千米。烽燧修筑于平缓的丘陵地带，视野开阔。东南距北山根1号烽燧0.157千米，西北距北山根3号烽燧0.104千米。

烽燧用黄土夯筑而成。台体保存差，呈圆形土丘状。台体平面呈圆形，剖面呈梯形，底部直径18.8、顶部直径6、残高2.1米，夯层厚0.08~0.15米。台体上及周围长满杂草，顶部有一处人为盗洞。烽燧南侧有现代墓葬14座，东、西、北面分布有大面积耕地，对烽燧造成严重破坏。烽燧周围散落有少量陶片。

19.北山根3号烽燧（150428353201040015）

该烽燧位于乃林镇北山根村西北1.1千米。烽燧修筑于平缓的丘陵地带，视野开阔。东北距北山根4号烽燧0.048千米，东南距北山根2号烽燧0.104千米。

烽燧用黄土夯筑而成。台体保存差，呈圆形土丘状。台体平面呈圆形，剖面呈梯形，底部直径17、顶部直径3、残高2.1米，夯层厚0.08~0.15米。台体顶部有一处现代盗坑。烽燧周围被开垦为农田，对台体造成较严重破坏，蚕食了部分台体。（彩图一一二）

20.北山根4号烽燧（150428353201040016）

该烽燧位于乃林镇北山根村西北1千米。烽燧修筑于平缓的丘陵地带，视野开阔。西南距北山根3号烽燧0.048千米。

烽燧用黄土夯筑而成。台体保存差，呈圆形土丘状。台体平面呈圆形，剖面呈梯形，底部直径16、顶部直径1、残高1.5米，夯层厚0.08~0.15米。台体顶部有两处现代盗坑。烽燧周围被开垦为农田，对台体造成较严重破坏，蚕食了大部分台体。

21.北山根障城（150428353102040002）

该障城位于乃林镇北山根村西南1.1千米。西北距米家营子壕堑0.211千米，东距北山根1号烽燧0.131千米、北距北山根4号烽燧0.174千米。

障城平面呈近长方形，东西长109~137、南北长220米。（图六五）障墙夯土筑成，保存较好的障墙底宽8~10、顶宽1~5、残高0.2~2.3米。西墙随地形略有曲折，南墙东部被冲沟损毁无存。障城内西南部有一处遗物集中堆积，散落大量泥质灰陶片、砖和筒瓦等建筑构件残片，应是建筑台基址。台基东西长30、南北长20、高出地表0.6米。筒瓦为泥质灰陶，火候较高，质地坚硬，外壁饰绳纹或弦纹，内壁有明显的布纹痕迹。

障城北侧挖有一道护城壕，距障城北墙211米。护城壕保存428米，宽9、深1米。护城壕内被开垦为耕地，东段被当地居民修筑的一条土路穿过，造成一处宽7米的豁口。

22.北山根5号烽燧（15042835320104 0017）

该烽燧位于乃林镇北山根村西南1.5千米。烽燧修筑于平缓的丘陵地带，视野开阔。东南距北山根障城0.188千米，东北距北山根4号烽燧0.629千米。

烽燧用黄土夯筑而成，夯土中夹杂有少量砂石。台体保存差。台体平面呈圆形，剖面呈梯形，底部直径19、顶部直径6、残高2.4米，夯层厚0.08~0.15米。台体北部有一处现代盗坑。烽燧南、北、西面为农田，蚕食了大部分台体。烽燧东侧有南北向的冲沟和便道各一条，对台体的保存构成一定威胁。（彩图一一三）

23.三眼井壕堑（150428382201040 004）

该段壕堑起自西桥乡三眼井村西南0.82千米，止于三眼井村西南0.96千米。呈东-西走向。

壕堑长266米。整体保存差，形制结构模糊不清。由于开垦耕地、修建烟花厂和修筑道路等人为因素，以及冲沟发育等自然因素的破坏，导致大部分壕堑被损毁。

24.三眼井烽燧（150428353201040018）

该烽燧位于西桥乡三眼井村西南0.9千米。紧邻三眼井壕堑南侧，西距二道烽燧1.1千米，东距炮手营子烽燧1.2千米。

烽燧用黄土夯筑而成，夯土中夹杂有少量砂石。台体保存差，呈圆形土丘状。台体平面呈圆形，剖面呈梯形，底部直径21、顶部直径7.5、残高1.8米，夯层厚0.06~0.10米。台体近一半消失，顶部建有一座烟花厂的小房屋。烽燧周围地表散落少量陶片，为泥质灰陶，火候较高，质地坚硬。

25.二道烽燧（150428353201040019）

该烽燧位于西桥乡二道村东北2.2千米。东距三眼井烽燧1.1千米，东南距七家古城3.5千米。

烽燧用黄土夯筑而成，夯土中夹杂有大量砂石。台体保存差，呈圆形土丘状。台体平面呈圆形，剖面呈梯形，底部直径27、顶部直径7、残高2.6米，夯层厚0.11~0.15米。烽燧破坏较为严重，大部分台体消失不存。（彩图一一四）

（二）赤峰市宁城县

在宁城县境内调查烽燧28座、壕堑9段、障城3座。（参见地图九）

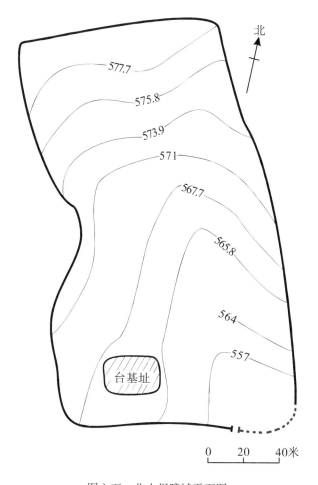

图六五　北山根障城平面图

1.马牛草沟烽燧（150429353201040001）

该烽燧位于小城子镇马牛草沟村南0.27千米。烽燧修筑于土山梁的坡岗上，南距水泉沟烽燧1.1千米。

烽燧用黄土夯筑而成。台体保存较差，呈土丘状堆积。台体平面呈圆形，剖面呈梯形，底部直径28、顶部直径5、残高3.4米，夯层厚0.08~0.13米。烽燧周围被开垦为耕地，附近有一条土路通过。（彩图一一五）

2.水泉沟烽燧（150429353201040002）

该烽燧位于小城子镇水泉沟村东北0.77千米。北距马牛草沟烽燧1.1千米。

烽燧用黄土夯筑而成，夯土夹杂有少量细小砂石。台体保存差，呈土丘状堆积。台体平面呈圆形，剖面呈梯形，底部直径15、顶部直径3、残高2米，夯层厚0.08~0.12米。烽燧部分底部被农田建设推平。

3.桃海烽燧（150429353201040003）

该烽燧位于小城子镇桃海村西南0.38千米。烽燧修筑于相对较高的坡冈上，北距水泉沟烽燧3.3千米。

烽燧用黄土夯筑而成，夯土夹杂有少量细小砂石。台体保存一般，呈土丘状堆积。台体平面呈圆形，剖面呈梯形，底部直径20.4、顶部直径4、残高2.1米，夯层厚0.08~0.12米。（彩图一一六）

4.敖汉营子1号烽燧（150429353201040004）

该烽燧位于小城子镇敖汉营子村西北0.12千米。矗立在平双公路（国道306）西侧，修筑于较高的丘陵地带，地势平坦，视野开阔，东北距桃海烽燧18.2千米。

烽燧用黄土夯筑而成。台体保存较好，形制和结构尚存，呈土丘状堆积。台体平面呈圆形，剖面呈梯形，底部直径24、顶部直径4~6、残高5米，夯层厚0.08~0.12米。台体上生长有较多杂草，底部有一处盗坑。（彩图一一七）

5.敖汉营子2号烽燧（150429353201040005）

该烽燧位于小城子镇敖汉营子村西北0.15千米。南距敖汉营子1号烽燧0.046千米。

烽燧用黄土夯筑而成。台体保存一般，呈土丘状堆积。台体平面呈圆形，剖面呈梯形，底部直径23、顶部直径3.5、残高2.7米。台体顶部有一处盗坑；南壁被破坏，形成断面，夯层清晰明显，夯层厚0.08~0.12米。

6.八家烽燧（150429353201040006）

该烽燧位于小城子镇八家村西北0.5千米。东北距敖汉营子2号烽燧18千米。

烽燧用黄土夯筑而成。台体保存较好，形制和结构尚存，呈较高的土丘状。台体平面呈圆形，剖面呈梯形，底部直径22、顶部直径5、残高4.2米。台体东壁有一处盗坑，已破坏至底部，盗坑断面露出的夯层清晰明显，夯层厚0.08~0.12米。（彩图一一八）

7.南山根烽燧（150429353201040007）

该烽燧位于小城子镇南山根村三队南1.6千米。烽燧修筑于丘陵山岗的顶部，视野开阔。东北距八家烽燧18.6千米。

烽燧用黄土夯筑而成。台体保存较差，形制和结构尚存，呈土丘状堆积。台体平面呈圆形，剖面呈梯形，底部直径24、顶部直径6、残高5米，夯层厚0.08~0.12米。烽燧底部周围遭耕地蚕食破坏，台体上有六处盗坑。（彩图一一九）

8.塔其营子障城（150429353102040001）

该障城位于八里罕镇塔其营子村东北0.28千米。西北距南山根烽燧4千米。

障城平面略呈正方形，东西长162、南北长168米。整体保存较差。障墙痕迹较清晰，结构形制尚存，黄土夯筑而成，夯层厚0.05~0.08米。门址辟在南墙中部，宽约6米。南墙及东南角的夯土层中保存有许多夯筑穿棍腐朽后留下的圆孔，东西横排，横向间距0.8~1.2米，纵向间距0.5~0.7米，圆孔直径0.12~0.15米，孔内保存的原木痕迹明显。障城内为耕地，地表看不到任何遗迹现象，散布一些陶片和板瓦残片等。陶片为泥质灰陶，火候较高，质地较硬，素面，可见器形有罐等。板瓦为泥质灰陶，火候较高，质地较硬，内、外壁饰有弦纹。障城东北角墙体底部叠压有夏家店下层文化的堆积。（图六六；彩图一二○）

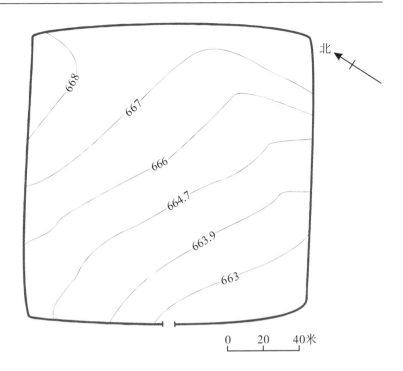

图六六　塔其营子障城平面图

9.黑城沟烽燧（150429353201040008）

该烽燧位于甸子镇黑城沟村北0.55千米。烽燧修筑于地势较高的丘陵地带，地势高低起伏明显，周围视野开阔。东南距黑城古城遗址0.7千米。

烽燧夯筑而成。台体保存较差，形制和结构尚存。台体平面呈圆形，剖面呈梯形，底部直径23、顶部直径6、残高4.5米，夯层厚0.06~0.08米。台体顶部有四处盗坑。（彩图一二一）

10.三道营子烽燧（150429353201040009）

该烽燧位于甸子镇三道营子村东北0.11千米。烽燧修筑于地势平缓的丘陵顶部，周围视野开阔。东北距黑城沟烽燧2.3千米。

烽燧夯筑而成。台体保存差，大部分消失。台体平面呈圆形，剖面呈梯形，底部直径23、顶部直径9、残高1.5米。烽燧周围被开垦为大片农田，周围散落较多陶片。

11.白石头烽燧（150429353201040010）

该烽燧位于甸子镇白石头村西北0.88千米。烽燧修筑于地势较高的山体顶部，周围视野开阔。北距大宝贝台1号烽燧1.6千米。

烽燧夯筑而成。台体保存较差，仅存一半。台体平面呈圆形，剖面呈梯形，底部直径16、顶部直径5.2、残高4.4米。台体顶部有两处盗坑，盗坑断面露出明显的夯层，夯层厚0.06~0.11米。烽燧周围散落有较多陶片，多为饰粗绳纹的泥质灰陶。

12.大宝贝台1号烽燧（150429353201040011）

该烽燧位于甸子镇大宝贝台村西北0.71千米。烽燧修筑于坡岗顶部，周围视野开阔。南距白石头烽燧1.6千米，北距大宝贝台2号烽燧0.112千米。

烽燧夯筑而成。台体保存较差，形制和结构尚存。台体平面呈圆形，剖面呈梯形，底部直径20、

顶部直径6、残高2.4米。台体顶部有一处现代盗坑，盗坑断面露出清晰的夯层，夯层厚0.06~0.11米。（彩图一二二）

13.大宝贝台2号烽燧（150429353201040012）

该烽燧位于甸子镇大宝贝台村西北0.77千米。烽燧修筑于地势平缓的丘陵地带，周围山势较高。南距大宝贝台1号烽燧0.112千米。

烽燧夯筑而成。台体保存较差，形制和结构尚存。台体平面呈圆形，剖面呈梯形，底部直径14、顶部直径8、残高1.7米。台体仅存一半，北壁因平整土地被破坏，断面露出明显的夯层，夯层厚0.06~0.11米。烽燧周围种植有较多杏树，对台体造成一定程度的破坏。

14.东北沟烽燧（150429353201040013）

该烽燧位于甸子镇热水沟村北0.42千米。烽燧修筑于山体顶部，山势较高。北距热水沟烽燧1.3千米。

烽燧夯筑而成。台体保存差，仅存部分，形制和结构不清晰。台体平面呈圆形，剖面呈梯形，底部直径20、顶部直径7、残高2.3米。台体北壁大部分因取土、平整土地等原因遭破坏，消失不存，断面露出明显的夯层，夯层厚0.06~0.08米。台体东南壁有一处现代盗坑。

15.热水沟烽燧（150429353201040014）

该烽燧位于甸子镇热水沟村北1.7千米。烽燧修筑于地势较高的山体脊部，周围山势较高。南距东北沟烽燧1.3千米。

烽燧夯筑而成。台体保存差，仅存部分。台体平面呈圆形，剖面呈梯形，底部直径14、顶部直径5、残高2.3米。台体顶部、西壁、南壁共有三处现代盗坑，断面露出明显的夯层，夯层厚0.06~0.08米。

16.喇嘛洞1号障城（150429353102040003）

该障城位于甸子镇下马场村西南1.4千米的喇嘛洞山顶部。西北距喇嘛洞2号障城0.29千米。

障城所处地势较高，视野开阔，向北瞭望，黑城城址方向可尽收眼底。障城较小，平面呈正方形，边长5.6米。整体保存差。障墙坍塌，仅存东、南墙基础部分，北、西墙利用山体基岩；东墙中部留有门道，不清晰，墙体外有一块有人工凿刻痕迹的岩石。（图六七）

17.喇嘛洞2号障城（150429353102040004）

该障城位于甸子镇下马场村西南1.5千米。烽燧修筑于喇嘛洞山顶南坡上，向西可望见金銮殿山烽燧。

障城平面呈不规则长方形，东西长79、南北长27米。仅存南、北、西墙，其中，南、西墙用石块砌筑而成，北墙土筑而成，障墙外有壕沟，可能是挖土筑墙后形成的遗迹，模糊不清。障城北部山坡顶部有石臼。

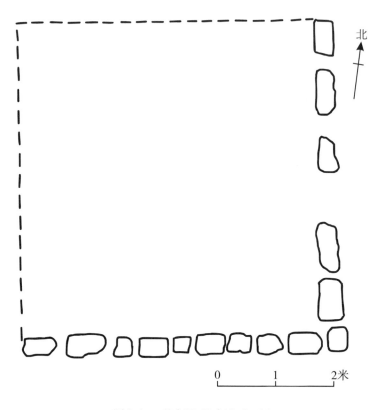

0　　　1　　　2米

图六七　喇嘛洞1号障城平面图

18.金銮殿山壕堑（150429382201040001）

该段壕堑起自黑里河镇打虎石村东南1.9千米，止于打虎石村东南1.9千米。修筑于金銮殿山东坡的山腰，自东向西沿山坡向上延伸，止于金銮殿山烽燧。

壕堑长98米。整体保存差，壕堑形制结构不清晰，站在山上向下望，隐约可见一道有别于两侧山体的遗迹。因雨水冲刷、植树造林等自然和人为因素，造成壕堑被掩埋破坏。

19.金銮殿山烽燧（150429353201 040015）

该烽燧位于黑里河镇打虎石村东南1.9千米的金銮殿山上。紧邻金銮殿山壕堑的西侧止点，修筑于地势较高的山体脊部，山势较高，视野开阔。东距白石头烽燧2.4千米，西北距老爷庙烽燧5.6千米，东南距喇嘛洞障城3.8千米。

烽燧夯筑而成。台体保存差，大部分消失，呈土丘状。台体平面呈圆形，剖面呈梯形，底部直径9、顶部直径3.5、残高1.5米。台体顶部有一处现代盗坑，断面露出模糊的夯层，夯层厚0.06~0.11米。

20.老爷庙烽燧（150429353201040016）

该烽燧位于黑里河镇老爷庙村西南0.73千米。烽燧修筑于地势平缓的丘陵地带，周围山峦起伏，视野开阔。东南距金銮殿山烽燧5.6千米。

烽燧夯筑而成。台体保存较差，呈高大的土丘状。台体平面呈圆形，剖面呈梯形，底部直径20、顶部直径6、残高5米。台体东壁有一处现代盗坑，断面露出夯层，夯层厚0.06~0.11米。（彩图一二三）

21.丛家山头1号烽燧（150429353201040017）

该烽燧位于黑里河镇丛家山头村西北0.68千米。烽燧修筑于地势较高的山体顶部，周围山峦起伏，视野开阔。东南距老爷庙烽燧3千米，西距小窑沟烽燧2.5千米。

烽燧夯筑而成。台体保存差，部分遭破坏，呈圆形土丘状。台体平面呈圆形，剖面呈梯形，底部直径20、顶部直径4、残高2.5米。台体顶部有一处现代盗坑，断面露出清晰的夯层，夯层厚0.08~0.11米。（彩图一二四）

22.丛家山头2号烽燧（150429353201040018）

该烽燧位于黑里河镇丛家山头村西北0.62千米。烽燧修筑于地势平缓的丘陵地带，周围山峦起伏，视野开阔。东北距丛家山头1号烽燧0.468千米。

烽燧夯筑而成。台体保存差，呈圆形土丘状。台体平面呈圆形，剖面呈梯形，底部直径17、顶部直径3、残高2.4米。台体东壁有一处现代盗坑，断面露出清晰的夯层，夯层厚0.08~0.11米。盗坑东侧台体在平整土地遭破坏，形成断面。（彩图一二五）

23.小窑沟烽燧（150429353201040019）

该烽燧位于黑里河镇小窑沟村西南0.56千米。烽燧修筑于地势平缓的丘陵地带。东南距丛家山头2号烽燧2.2千米，西南距罗匠沟门烽燧3.8千米。

烽燧夯筑而成。台体保存较差。台体平面呈长方形，剖面呈梯形，底部东西长12、南北长13米，顶部边长6米，残高3.5米，夯层厚0.08~0.13米。烽燧周围被开垦为耕地，由于耕地的蚕食，对台体底部造成严重的破坏。（彩图一二六）

24.罗匠沟门烽燧（150429353201040020）

该烽燧位于黑里河镇罗匠沟门村东南0.12千米。烽燧修筑于山坡顶部。西南距石洞子梁烽燧0.766千米，东北距小窑沟烽燧3.8千米。

台体保存差，形制和结构无存，中部被人为取土掏空。

25.石洞子梁烽燧（150429353201040021）

该烽燧位于黑里河镇石洞子梁村西南0.28千米。烽燧修筑于地势较高的山体顶部。东北距罗匠沟门烽燧0.766千米，西南距东山烽燧1.2千米。

烽燧夯筑而成。台体保存差，呈土丘状。台体平面呈圆形，剖面呈梯形，底部直径18、顶部直径6、残高5米。由于修路铲削崖壁，使部分台体被破坏。台体西壁偏北有一现代盗坑，断面露出明显的夯层，夯层厚0.12~0.18米。烽燧周围散落有少量泥质灰陶片。

26.东山烽燧（150429353201040022）

该烽燧位于黑里河镇大营子村东南1.2千米。烽燧修筑于地势较高的山体顶部。东北与石洞子梁烽燧相望。

烽燧无明显夯层。台体保存差，呈土丘状。台体平面呈圆形，剖面呈梯形，底部直径16、顶部直径4、残高2米。台体顶部及周围生长有较多杂草和松树。

27.南毛烽燧（150429353201040023）

该烽燧位于黑里河镇南毛村东南0.41千米。烽燧修筑于地势较高的山体顶部。东南距东山烽燧2.5千米。

烽燧夯筑而成。台体保存差，呈土丘状堆积。台体平面呈圆形，剖面呈梯形，底部直径20、顶部直径4、残高2.5米。台体顶部及周围生长有较多杂草和松树。台体南、北壁和顶部各有一处现代盗坑，断面露出清晰的夯层，夯层厚0.08~0.1米。

28.小南沟壕堑（150429382201040002）

该段壕堑起自黑里河镇南毛村西沟东南0.59千米，止于南毛村西沟东南0.98千米。沿南毛西沟村东南小南沟山坡上的山脊延伸，呈东北-西南走向。

壕堑长752米。整体保存差，形制和结构不清晰，只在高处远望可见遗迹。壕堑由壕沟和壕沟两侧的土筑墙体组成。壕沟宽4米，深度不详。墙体用黄土堆筑而成，大部分近消失，南侧墙体较清晰，底宽4、顶宽2.3~2.8、残高0.3~0.4米。

29.大南沟壕堑1段（150429382201040003）

该段壕堑起自黑里河镇南毛村西沟东南0.98千米，止于南毛村西沟西南1千米。沿南毛西沟村东南大南沟山体顶部的山脊延伸，呈东北-西南走向。

壕堑长451米。整体保存差，形制和结构不清晰。壕堑由壕沟和壕沟两侧的土筑墙体组成，大部分模糊不清，地表残存有大小不一的石块，部分地段仅存单道墙体。壕堑整体宽12米，壕沟深度不详。（彩图一二七）

30.大南沟烽燧（150429353201040024）

该烽燧位于黑里河镇南毛村西沟西南1千米。烽燧修筑于地势较高的山体顶部、大南沟壕堑止点。西北距羊草沟烽燧1.3千米。

烽燧夯筑而成。台体保存差，呈土丘状堆积。台体平面呈圆形，剖面呈梯形，底部直径20、顶部直径6、残高1.9~3.4米。台体顶部及周围生长有较多杂草和松树，有两处现代盗坑，盗坑断面露出清晰的夯层，夯层厚0.08~0.1米。

31.大南沟壕堑2段（150429382201040004）

该段壕堑起自黑里河镇南毛村西沟西南1千米，止于南毛村西沟西南1.6千米。修筑于南毛西沟村东南的大南沟山脊上，沿山脊延伸，呈东南-西北走向。

壕堑长1449米。整体保存差，形制和结构不清晰。壕堑由壕沟和壕沟两侧的土筑墙体组成，部分地段仅存单道墙体。壕堑整体宽12米，壕沟深度不详，壕沟内生长有较多树木。

32.羊草沟烽燧（150429353201040025）

该烽燧位于黑里河镇南毛村西沟西南1.6千米。烽燧修筑于地势较高的山体顶部、羊草沟壕堑起点。东南距大南沟烽燧1.3千米。

烽燧夯筑而成。台体保存差，呈土丘状堆积。台体平面呈圆形，剖面呈梯形，底部直径23、顶部直径6、残高3.5米。台体顶部及周围生长有较多杂草和桦树，顶部至东壁底部有一处现代盗坑，近一半的台体遭破坏，盗坑断面露出夯层，见有少量大小不一的石块，夯层厚0.1~0.15米。（彩图一二八）

33.羊草沟壕堑（150429382201040005）

该段壕堑起自黑里河镇南毛村西沟西南1.6千米，止于黑里河镇河南营子村东南1.3千米。修筑于羊草沟山体脊部，沿山脊延伸，呈东北-西南走向。

壕堑长849米。整体保存差。壕沟宽4、深0.3~0.4米。个别地段壕沟的一侧保存有堆筑的土墙，墙体底宽4、顶宽2.2~2.8、残高0.3~0.4米。（彩图一二九）

34.小松树沟壕堑（150429382201040006）

该段壕堑起自黑里河镇河南营子村东南1.3千米，止于河南营子村东南1.3千米。修筑于小松树沟山体脊部，沿山脊延伸，呈东北-西南走向。

壕堑长594米。整体保存差，形制结构不清晰。壕堑整体宽约12米，壕沟深约0.4米。壕堑内及两侧树木杂草丛生。

35.小松树沟烽燧（150429353201040026）

该烽燧位于黑里河镇南毛村西沟西南1.6千米。烽燧修筑于山顶上，小松树沟壕堑止点西南沿。东北距羊草沟烽燧1.3千米。

烽燧夯筑而成。台体保存差，呈土丘状。台体平面呈圆形，剖面呈梯形，底部直径20、顶部直径5、残高3.4米。台体顶部及周围生长有较多杂草和桦树，由于人为在台体上挖育林坑植树，导致台体顶部凹凸不平。台体北壁有一处现代盗坑，盗坑断面露出夯层，可见少量大小不一的石块，夯层厚0.12~0.17米。

36.大松树沟壕堑1段（150429382201040007）

该段壕堑起自黑里河镇河南营子村东南1.3千米，止于河南营子村西南1.5千米。修筑于大松树沟山坡上及山体脊部，呈东北-西南走向。

壕堑长1682米。整体保存差。壕沟两侧墙体用黄土堆筑而成，大部分模糊不清，部分地段仅一侧保存有墙体，几乎与地表平齐。壕堑整体宽12米，壕沟深度不详。由于植树造林，将大部分壕堑破坏，壕沟内及壕堑东侧生长有较多树木。（彩图一三〇）

37.大松树沟1号烽燧（150429353201040027）

该烽燧位于黑里河镇河南营子村西南1.5千米。烽燧修筑于山顶上、大松树沟壕堑1段止点。东北距小松树沟烽燧1.5千米，西南距大松树沟2号烽燧1.5千米。

烽燧夯筑而成。台体保存差，呈土丘状。台体平面呈圆形，剖面呈梯形，底部直径18、顶部直径4.4、残高3米，夯层厚0.12~0.15米。台体顶部及周围生长有较多松树和桦树，顶部有人为取土的痕迹。（彩图一三一）

38.大松树沟壕堑2段（150429382201040008）

该段壕堑起自黑里河镇河南营子村西南1.5千米，止于河南营子村西南2.6千米。修筑于大松树沟山坡上及山体脊部，呈东北-西南走向。

壕堑长1810米。整体保存差，形制结构已不太清晰。壕堑整体宽约12米，壕沟深约0.4米。壕堑内、外生长有茂密的原始次生林，腐殖质堆积深厚。

39.大松树沟2号烽燧（150429353201040028）

该烽燧位于黑里河镇河南营子村西南2.6千米。烽燧修筑于山顶上、大松树沟壕堑2段止点。东北距大松树沟1号烽燧1.5千米。

烽燧夯筑而成。台体保存差。台体平面呈圆形，剖面呈梯形，底部直径17、顶部直径3.4、残高2.4米。台体顶部及周围生长有较多松树和桦树，顶部偏北有一处现代盗坑，盗坑断面可见有少量碎石夹于夯层内，夯层清晰，夯层厚0.1~0.15米。由于人为盗掘及次生植物生长，导致台体顶部凹凸不平。

40.大松树沟壕堑3段（150429382201040009）

该段壕堑起自黑里河镇河南营子村西南2.6千米，止于河南营子村西南3.1千米。沿山坡及山体脊部延伸，呈东北-西南走向。

壕堑长602米。整体保存差，形制结构不清晰。壕堑整体宽12米，壕沟深约0.4米。壕堑内、外生长有茂密的原始次生林，腐殖质堆积深厚。该段壕堑为东汉长城在赤峰市境内的最西一段，由此进入河北省承德市境内。

第六章
结 论

通过本次长城资源调查工作，可以明确，分布于通辽市、赤峰市境内的四道战国秦汉长城，途经7个旗县区的28个乡镇、129个行政村。在调查中，共划分207个长城墙体段落（包括壕堑13段），调查长城墙体（包括壕堑）389318.5米，其中，墙体376811.5米、壕堑12507米。全部长城墙体中，有墙体存在部分203832.5米（包括土墙108768米、石墙35649.6米、山险16016.9米、山险墙124米、河险30767米、壕堑12507米），消失185486米，分别占长城墙体总长度的52.4%、47.6%。长城沿线调查烽燧95座、障城28座。

此外，东汉长城的烽燧连线长190000米，在此仅作统计，而不计算在长城墙体的长度之内。

一 本次调查对东南部战国秦汉长城的新认识

总体上来看，中部的战国燕北长城和北部的秦汉长城，在分布上，都是蜿蜒曲折，随地形上下高低起伏。在修筑方法上，均为因地制宜，就地取材，于平地用黄土夯筑而成，到山上则以石块垒砌，个别地段以山险、河险构筑成天然屏障。在防御设施的构成上，包括了墙体、烽燧和障城三个部分，也是战国秦汉长城防御体系普遍具备的三要素。

（一）对战国燕北长城的认识

在赤峰市境内，燕北长城墙体总长132264.5米。长城墙体在不同的地理环境下采用不同的修筑方式，有土墙、石墙、山险墙、山险和河险等类型。

土墙主要修筑于平原地带和山脚下，大体作直线分布。墙体为就地挖沟取土夯筑而成。这类墙体均保存较差，消失段较多，加上推测原应为土墙的消失段，在长79887.3米的土墙中，有墙体存在部分11060米、消失68827.3米。保存的土墙大部分呈略高于地表的土垄状，本次调查中发现的保存较好段，如位于喀喇沁旗的姜家湾长城4段，现存墙体底宽8、顶宽2、残高1.5米。消失段并非完全无迹可寻，许多分布于耕地中的长城段，在翻耕后的土壤中可见一条黑土带蜿蜒延伸。这条黑土带是当时修筑长城时在墙体外侧挖土所形成的壕沟，被杂草和淤土填平后变成腐殖质土。这类腐殖质土色较沟外的土色黑，从而成为始初长城墙体延伸的重要标示。这种黑土带现象，在敖汉旗十二连山以东一带表现得犹为明显。黑土带普遍宽4~4.5米，这个宽度应该接近于当时长城墙体外侧壕沟的口宽。

石墙多修筑于山岭之上，沿山脊分布，随山势蜿蜒起伏。墙体一般为两侧用较大的石块砌筑，中间用碎石和砂土填实。石墙大部分倒塌严重，仅存基础部分，塌落的石块散落在墙体两侧。墙体砌筑整齐，基础部分的形制和结构清晰可辨，底宽顶窄，剖面呈梯形。本次调查中发现的保存较好段，如位于敖汉旗的苟家沟长城1段，现存墙体底宽3~5、顶宽1~4.5、残高0.2~1米；位于敖汉旗的瓦盆窑长城，现存墙体底宽1.5~3、顶宽1~2、残高0.2~1米；位于元宝山区的朝阳沟长城3段，现存墙体底宽3.5、顶宽2.5、残高0.5~1.6米。石墙所处地段的地理环境受人类的影响较小，墙体坍塌是因年代久远、风吹雨蚀所致，完全消失的段落较少，在长35236.3米的石墙（包括推测原为石墙的消失段）中，消失部分仅1601.7米。

山险墙是在陡峭的崖壁处，利用崖壁稍加修筑而成。人工修筑墙体于两山夹峙的山口，用较大的石块相互叠压砌筑。这一类墙体不多，只在敖汉旗十二连山、兰家窝铺村和元宝山区小五家镇等地区有少量发现。

山险是利用陡峭的山势和悬崖绝壁形成屏障，使之与整个防线连为一体。这类长城墙体在敖汉旗西部、元宝山区、喀喇沁旗都有存在。

河险是利用河流作为天然屏障，将河流与长城墙体结合在一起。马家湾长城就是利用老哈河进行河险防御。

烽燧有的修筑于长城墙体上，有的修筑于长城墙体附近，大部分位于视野开阔的山丘顶部，少部分位于面对山谷的山体鞍部。燕北长城沿线共调查烽燧40座，均位于石墙、山险墙和山险沿线，土墙沿线没有发现。烽燧均为石块垒砌而成，从残存的结构来看，为以石墙围砌而成的正方形、长方形、圆形等石圈，最初当是一个空心的封闭石砌结构。战国秦汉长城墙体沿线的防御设施，相关史料记载主要有"烽燧亭障"，燕北长城沿线的这种石砌空心烽燧，应当是"亭"一类的建筑。有学者根据《墨子·杂守篇》的相关记载，认为"此种亭的作用是瞭望远方，伺候敌情，一有警情即用鼓声和烽火来传递情报"[1]。既然亭具有上述主要功能，那么它必须修筑于长城墙体沿线的制高点上，并且能够两两相望。燕北长城土墙沿线的亭类烽燧破坏无存，其他墙体沿线保存较少，它们之间更为具体的分布规律很难予以总结。

燕北长城沿线共调查障城13座，大部分位于墙体内侧，有的障城将北墙依托于长城墙体上，有的障城距长城墙体0.5~1.1千米。障城墙体有土筑，也有石块垒砌。这些障城的规模大小不等，最大的边长达170余米，最小的边长仅19米×9米。许多障城一大一小并列分布，如砖瓦窑1号、2号障城间距0.67千米，刘家店1号、2号障城间距1.32千米，槟榔沟1号、2号障城间距1.2千米，姜家湾1号、2号障城间距1.63千米。从总体上来看，由于障城保留较少，难以找出其中大概的分布规律。

（二）对秦汉长城的认识

这里所言秦汉长城是指位于东南部地区的北部秦汉长城，而不包含库伦旗西汉长城。

和燕北长城相比，秦汉长城向北推移了10~50千米。在墙体构筑方面，以夯土墙为主，石砌墙只在敖汉旗、松山区境内有少量发现。在通辽市、赤峰市境内秦汉长城墙体总长216489米，其中，土墙长75116米、石墙长2015米、河险长28000米、消失111358米。石墙占墙体总长的1.1%，消失墙体占墙

〔1〕 袁志鹏：《也谈汉代的亭》，《社科纵横》2006年第12期。

体总长的50%，在整个内蒙古自治区长城分布中也算是消失比例偏高的。消失的土筑墙体部分地段可见两条并行的黑土带，不同于燕北长城消失土墙的一条黑土带，说明秦汉长城在修筑夯土墙时是从两侧挖沟取土的。因而，在许多墙体消失的地段，两条平行分布的黑土带就成为确定长城走向的主要标志。外侧黑土带一般宽4~5米，内侧黑土带一般宽3~4米，大致反应了当时壕沟的口宽。

秦汉长城墙体中的土墙较燕北长城的同类墙体显得高大，现今保存较好段，如位于奈曼旗的双合兴长城5段，现存墙体底宽14、顶宽2、残高5米。长城墙体沿线的单体建筑有烽燧和障城两类。烽燧调查了6座，3座为类似于燕北长城沿线的亭类建筑，3座为土筑实心烽燧，与东汉长城沿线的烽燧相同。障城调查了8座，大小不等，最大的边长达207米，最小的边长15米×20米。与烽燧一样，障城大部分被破坏无存，难以归纳出分布规律。

（三）对东汉长城的认识

东汉长城分布于赤峰市喀喇沁旗和宁城县境内，由于主要由烽燧组成，以往的调查资料多将其称作烽燧线。在本次调查中，在一些烽燧的外侧断续发现部分壕堑遗迹，构成了壕堑与烽燧、障城相结合的一种防御体系，这也是东汉长城的一个重要特点。

以往的调查材料称有80余座烽燧，此次调查确定为47座。烽燧数量减少的原因除少数遭破坏消失无存外，还排除了一些以前误认为烽燧的夏家店下层文化堆积。这些烽燧均夯筑而成，平面呈圆形，剖面呈梯形，底部直径最大35、最小9米，一般为17~25米。除极少数烽燧间距相近而并列外，其余均为顺着一条线路单个排列，间距的大小随地形的变化而定，一般在平坦之处间距较大，在崎岖的山地间距较小。但不管它们之间如何随地形的变化而改变间距，站在其中一座烽燧之上，既能举目遥望前一座烽燧，也能回顾后一座烽燧，从中可以领略到当时烽燧的修筑者在地形测量、科学布局、建造水平上都已达到了一定的水平。有些烽燧遭人为盗掘，一些盗洞中露出朽木。

本次调查壕堑13段，总长12507米，均环绕在烽燧外侧。在赤峰市境内，47座烽燧的东西延伸距离近190000米，而调查的壕堑长度占整个烽燧连线长度的比例不足7%。通过本次调查初步认为，当时挖筑壕堑时并非是沿着烽燧外侧做整个东西贯通的。今天看来，这些壕堑多集中出现在丘陵山地之间，特别是在黑里河山区，几乎所有烽燧的外侧都设置有壕堑。在交通不便的山地挖筑壕堑，除防御时的隐蔽功能外，主要还是为了方便烽燧之间的交通联系。山地之上荆棘密布，通行困难，而在壕堑中穿行则要便捷许多。对于长城的综合功能，着实需要不断分析探讨。

东汉长城沿线的障城，面积普遍偏大，防守设施严密，是主要的屯兵之所，可以根据烽燧传递的情报做出快速的机动反应。

二　东南部战国秦汉长城保存现状分析

东南部战国秦汉长城位于通辽市、赤峰市农耕较为密集的区域，受人为因素破坏最为严重，在长389318.5米的墙体中，消失部分达185486米，占墙体总长度的47.6%。这在整个内蒙古自治区的长城中算是消失比例偏高的，实际上，这还没有包括燕北长城、秦汉长城在本次调查的西部端点继续西延部分，在以前的一些调查资料中显示还有墙体分布，本次调查均无迹可寻。保存下来的墙体往往也是保存较差，大部分于地表呈土垄和石垄状，这当然也是长城墙体年代久远的标志。长城墙体沿线的烽燧、障城大部分被破坏，存留者不多，以致难于总结其分布规律。

抛开上述历史原因不谈，目前东南部战国秦汉长城正在经受或面临着的破坏，概括起来，自然因素和人为因素各有几个方面。

自然因素对长城的破坏，有雨水冲刷、水土流失、大风剥蚀、鸟兽掘洞、植物生长等方面。雨水冲刷导致水土流失的因素普遍存在，长城所经地区部分为丘陵山地，地势起伏，沟壑纵横，长城墙体往往依山而建，多在山脊或山顶，沿线沟谷较多，雨天沟中洪水湍急，长城墙体被自然发育的冲沟冲断，这是大的水土流失造成的彻底破坏，小的水土流失对长城墙体的不断冲蚀也不容忽视。北方的山上多风，长期的风沙侵蚀对长城墙体及其沿线的单体建筑造成不断的削减，甚至于坍塌。长城所经过的荒山野岭生活着各类野生动物，包括鼠类、蛇、狐狸、獾、野鸡等，它们在长城墙体及其单体建筑上掘洞、筑巢，加速了这些长城墙体的坍塌。植物生长在长城墙体及其单体建筑上，根系深入长城墙体内部，导致表土疏松，极易坍塌。

自然因素对长城的破坏是长期积累的，历经两千多年风雨的长城仍然有迹可寻。人为因素才是破坏长城的主要因素，而且往往是毁灭性的。东南部战国秦汉长城所经地区均为农业区，村庄密集，以传统的种植业为主，主要种植杂粮，发展有林业和养殖业。近年来，新兴的现代化设施农业迅速崛起，并不断壮大。归纳起来，破坏长城的人为因素主要有以下几种：

一是村庄建设的破坏。长城沿线分布着许多村庄，随着农村经济条件的好转，农民不断改善生活环境，极易对长城造成破坏。例如，许多农民直接从高于周边的长城墙体及其单体建筑上取土。

二是农业生产的破坏。长城沿线多分布有农田，农民在耕作之时，为方便耕作或扩大耕种面积，会有意无意地对长城墙体进行铲削，大部分分布于农耕区的土筑长城墙体就是这样消失的，仅在地表留下一条标示性的黑土带。

三是乡村道路的破坏。长城沿线居民为方便出行，肆意在长城墙体上挖掘通道，形成了许多人为的豁口，或以长城墙体做路基，直接将长城墙体利用为道路。

四是开山采矿的破坏。长城所在山区多有丰富的石料和其他矿产资源，开采的矿坑、修筑的运输道路对长城及其周边环境造成了严重破坏。这种现代化作业破坏范围大、速度快，低矮的长城墙体在其面前显得极其苍白无力。

最后是盗掘的破坏。长城沿线的部分烽燧现呈土丘状，一些不法盗墓分子将其误认为古墓葬，从台体顶部挖一竖穴直达底部。

面对以上形形色色的破坏因素，当前，最为紧要的保护措施是在长城墙体沿线及其单体建筑旁侧树立保护标志，使长城沿线的民众能够认识长城，从而避免无意识地破坏长城。至于更进一步的保护、修缮等工作，则是一个长期的任务。

三　对战国秦汉长城沿线郡县级古城的调查

战国秦汉时期，辽西地区主要由燕国始建的五郡中的右北平郡和辽西郡管辖。在战国秦汉长城沿线发现了一些面积较大的古城，结合前人调查与研究成果，它们应与当时右北平郡、辽西郡的郡县级治所有关。如前所述，战国秦汉长城是一个墙体、烽燧、障城三要素相结合的防御体系，而这些郡县级的城邑则是与长城相辅相成的边城，而并不能简单地归类为长城的组成部分。

这样的古城，包括赤峰市元宝山区冷水塘古城，奈曼旗沙巴营子古城、西土城子古城及宁城县黑

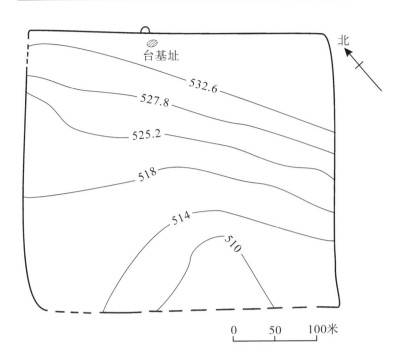

图六八　冷水塘古城平面图

城古城、喀喇沁旗七家古城等。在本次调查中对这些古城作了调查，并进行了测绘。下面，分别做详细描述。

1.冷水塘古城

该古城位于赤峰市元宝山区美丽河镇冷水塘村北0.47千米。修筑于丘陵向平原的过渡地带，周边地势相对平缓。南濒老哈河，北距燕北长城0.409千米。

古城内、外大部分被开垦为农田。整体保存一般，规模形制尚存。古城平面呈长方形，东西长290、南北长252米。城墙用黄土夯筑而成，夯层厚0.1~0.25米。现存城墙底宽13~14、顶宽5~6、残高3~7米。城门可能设于南墙中部，已破坏无存。（图六八）城墙四角被取土、修路等人为因素破坏，原来是否修筑有角台不可知。古城内除北墙内侧中部偏西处有一个小型台基址外，其他遗迹不明显，地表散落大量陶片，以及板瓦、筒瓦等建筑构件。陶片多为泥质灰黑陶，部分饰有绳纹，可辨器形有陶豆等。在赤峰市境内，该古城是燕北长城沿线最大的一座，初步推断应是与燕国右北平郡相关的一座郡县级城邑治所。

2.沙巴营子古城

该古城位于奈曼旗青龙山镇沙巴营子村东。北距秦汉长城约30千米，牤牛河在古城西南自西北向东南流过。

古城平面呈长方形，东西长340、南北长367米。古城东、北墙保存较好，西、南墙受河水冲刷等因素破坏仅有少量残存。城墙版筑而成，保存最好者基宽约3、残高约4米。南墙偏西有一豁口，宽3.5米，应为门址，方向233°。古城内中部偏东南可见一大型台基址，呈不规则形，东西长100、南北长80、残高0.5米。（图六九）以前在对该古城的考古发掘中曾出土秦始皇二十六年陶量等遗物。

结合前人调查、发掘与研究成果

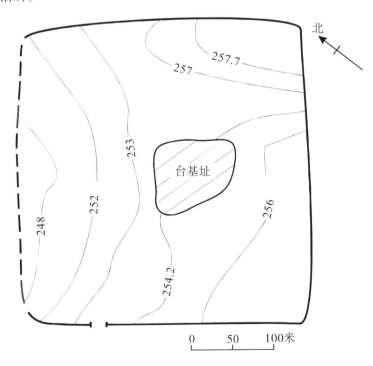

图六九　沙巴营子古城平面图

推断，该古城当始建于秦代，为西汉所沿用，是西汉辽西郡属县之一，为文成县或新安平县治所，东汉时期废弃。

3.西土城子古城

该古城位于奈曼旗土城子镇西土城子村西0.5千米。东南距沙巴营子古城20千米，北距秦汉长城10千米。

古城东、西、南面为丘陵，北面为开阔的平原，东约4千米有牤牛河。古城平面近正方形，边长330米。城墙版筑而成，保存较好者底宽约8、残高近4米。南墙中部开门，方向160°。城内西北角有一略呈正方形的子城，东西长60、南北长63米，西、北墙利用外城墙，东、南墙略低于外城墙。（图七〇）子城东墙南段有2米宽的豁口，当为门址。子城内地势平坦，略高于外城地表，地表散布有少量瓦

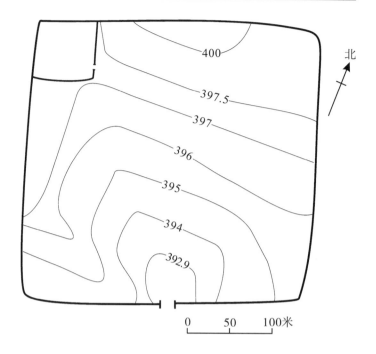

图七〇　西土城子古城平面图

片。外城西部偏北有一座长方形高台，东西长40、南北长60、高约1米；高台上散布有大量秦汉时期的陶片、瓦砾等，应属当时城内的主要建筑。

结合前人调查与研究成果推断，该古城当始建于秦代，为西汉所沿用，是西汉辽西郡属县之一，或为新安平县治所，到东汉时期废弃。

4.黑城古城

该古城位于宁城县甸子镇黑城村西南0.5千米。西侧有河北省平泉县至内蒙古自治区赤峰市林西县双井店乡的公路，南侧有黑里河、五十家子河相交汇后的老哈河。北距塔其营子障城12.5千米。

古城由花城、外罗城和黑城三部分组成。1979年，在李文信先生的组织下，对该古城作了全面调查，并详细考证了其建制沿革，认为花城是燕国修筑的一座军事防御城堡，外罗城为西汉右北平郡郡治平刚县故城，黑城始建于辽而被元、明两代所沿用[1]。在本次调查时已不见外罗城，黑城仍保存较好，花城保存有部分城墙。

依据以前的调查资料可知，外罗城平面呈长方形，东西长1800、南北长800米。城墙基宽16~20、残高1~3米，有南、北两座城门。城内采集遗物以汉代为主，除陶片外，还有"渔阳太守章"、"白狼之丞"等封泥和"部曲将印"、"假司马印"、"左门妇印"等铜印，城内中南部发现有王莽时期的制钱作坊和窑址等。

黑城位于外罗城中部偏北，平面呈近梯形，北墙和南墙840、东墙600、西墙540米。城墙夯筑而成，夯层内可见少量细砂砾，夯层厚0.08~0.14米，墙体底宽约15、残高1.5~8米。四面城墙中部均设有城门，外置瓮城；城墙上建有20座马面，南、北墙上各6座，东、西墙上各4座；四角设有角台。城内地表遗物有陶瓷残片、建筑构件和铁器等，曾出土云纹瓦当、钱币等。

〔1〕 冯永谦、姜念思：《宁城县黑城古城址调查》，《考古》1982年第2期；李文信：《西汉右北平郡治平刚考——宁城县黑城村古城址》，《社会科学战线》1983年第1期。

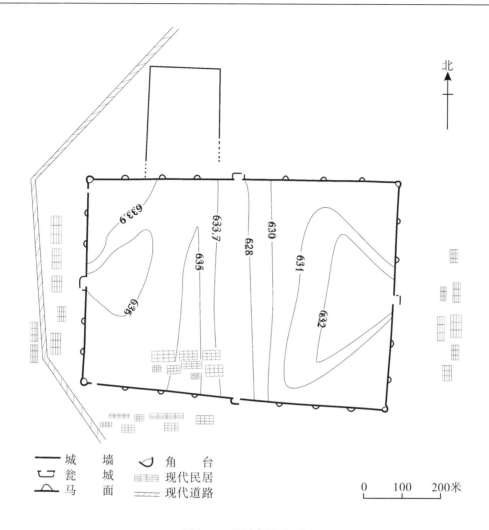

图七一 黑城古城平面图

花城位于黑城外西北部，平面呈长方形。城墙只残存部分东、西、北墙，北墙长190米，东、西墙通到黑城北墙后长290米，南墙被外罗城和黑城破坏。（图七一）城墙底宽5~6、残高1~2米。城内遗物不多，出土有绳纹灰陶片等。

根据前人调查与研究成果，结合本次调查的认识可以确认，外罗城为西汉右北平郡郡治平刚县所在，而黑城则为一座始建于辽代的城址；至于花城，以前调查认为是一座燕国修筑的军事防御城堡，鉴于其规模要大于燕北长城沿线的障城，那么，有可能也是与燕国右北平郡相关的一座郡县级治所。

5.七家古城

该古城位于喀喇沁旗七家镇南0.16千米。北距东汉长城的米家营子壕堑6千米，东北距贾家梁烽燧2.2千米。

古城平面近梯形，北墙和南墙270、东墙266、西墙232米。城墙夯筑而成，四面墙体均有不同程度的破坏，东墙及南墙东段破坏最为严重，难觅痕迹，其他城墙保存较好者底宽3.5~9、顶宽2.2~3.1、残存最高约3米。南、北墙中部各有一座门址，南门方向为180°。（图七二）古城内地表散落有大量陶片和板瓦、筒瓦、青砖等建筑构件，陶片多为泥质灰黑陶，纹饰有绳纹和篦点纹等；筒瓦为泥质灰陶，火候较高，质地坚硬，外壁饰有绳纹或弦纹，内壁为席纹或布纹。

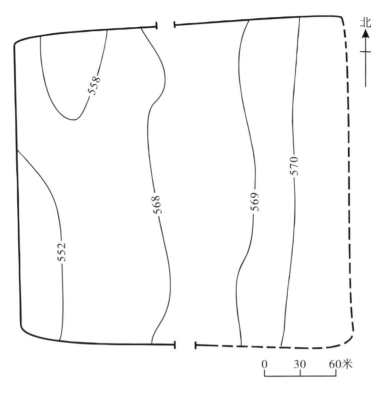

图七二　七家古城平面图

　　以往，有的调查资料认为，七家古城为辽代恩州治所。在本次调查中发现，城内的堆积和遗物绝大多数为汉代，偶尔可见辽代遗物，表明城址的主要使用年代为汉代，在辽代只是有过短期沿用，但难以和辽代的恩州治所相联系。该古城面积较大，极有可能最初为西汉右北平郡下的一座县级治所，后为东汉沿用。

四　东南部地区夏家店下层文化石城址群与长城起源的讨论

　　与东南部战国秦汉长城相关的，还有一个长城起源的问题。有的考古学家认为，长城起源于分布于辽西地区的夏家店下层文化的石城址群。最早将这些石城址与长城联系起来的是著名考古学家苏秉琦先生。20世纪80年代，他在论述燕山南北长城地带考古学文化时，曾多次提到这些石城址群，称之为"原始长城"、"长城雏形"、"类似'长城'的小堡垒群"、"四千年长城原型"。1985年10月，他在辽宁兴城做《辽西古文化古城古国——试论当前考古工作重点和大课题》[1]的著名讲演时指出："夏家店下层文化一个突出特征是：村落密集分布在河谷地带，几乎都有防御设施、大小城堡遗址构成有机的组合群体，赤峰英金河两岸岗丘上发现东西排列的小城堡带，与战国秦汉长城大致平行，发人深思。这种'原始长城'与大小城堡组合群、村村设防相结合的体系，它意味着一种什么样的社会结构？处于哪一个社会发展阶段？又是一种什么样的南北关系？后来的长城性质是否也可以从中得到启示。"

---

〔1〕　苏秉琦：《辽西古文化古城古国——试论当前考古工作重点和大课题》，《华人·龙的传人·中国人》，辽宁大学出版社，1994年。

对于苏秉琦先生的这一观点，姜念思作了进一步深入论述，认为这些石城址群在许多地段的分布与战国秦汉长城相重合，而且，两者具有许多相似之处[1]。首先，它们都是一种人工修筑的带状防御设施，都作东西分布，防御的都是来自北方的敌人。其次，二者修筑的方法基本相同，都是因地制宜，就地取材，有的地段以石筑，有的地段土石杂筑，还有的地段不筑墙，以陡峭的山岩或沟壑作天险。此外，夏家店下层文化石城址墙外侧的半圆形建筑与汉代以后长城外侧的马面极为相似。第三，夏家店下层文化的石城址带是以成组的城址呈链条式分布于山脊之上，起到防御作用的，虽然与后世的大部分长城形制有别，但与汉代以烽燧组成的长城相似。综上可以看出，夏家店下层文化石城址带与长城有很多相同或相似之处，把它看作长城的雏形或原始长城是有着一定道理的。也就是说，长城应当起源于公元前两千纪上半叶这种由一系列防御性小城址组成的防御设施。

从我们现在所认识到的战国秦汉长城来看，其有两个必备的特点，即线性综合防御和边界作用。战国秦汉长城的遗迹组成主要包括墙体、烽燧、障城三要素，即使没有修筑人工墙体（包括壕堑）的地方，也是利用了线性的山险、水险作为防御的依托。长城的功能在于防御，而且是国与国之间边界上的防御，同时具有国境线的作用。夏家店下层文化的石城址群貌似是一种线性防御，但这些石城址分布密集的地域，也往往是该文化的中心所在，因而不具有边界防御的特征，与后来的中国北方长城可以说是有着本质的差异。

韩建业更是认为，在新石器时代和青铜时代早期，长城沿线的内蒙古中南部、陕北、内蒙古东南部、辽西等地区分布有若干石城带，这些石城带基本上都位于当时农业、半农业文化区的北缘，受到气候环境变迁的影响而有南北移动，其重要功能之一是为了防御北方民族的南侵。由于这些特点与长城有可比之处，故可称其为长城的"原型"。当然，韩建业最后还是客观地写到："石城和长城还是有许多不同之处，例如，长城是连续成一体的，而石城只是相对排列成带；长城的主要功能是防御，或者可称之为军事防御设施，而石城主要为普通的聚落；长城为政府统一修筑，而石城可能主要为村落自发的行为。所以不能将'原型'理解为长城的基础或者直接渊源。相似的自然环境与文化环境，产生了相似的文化现象，这就是石城和长城发生关系的原因"[2]。

关于长城的起源问题，还是辛德勇的观点较有说服力，他认为，春秋时期，列国之间为了相互防御而挖掘界沟，到战国时期，演变发展为垒筑墙体，这种作为国界的长墙就是最早的长城[3]。

五 结 语

关于东南部通辽、赤峰市分布的三道主要的战国秦汉长城线路，其主要的年代范围基本可以明确，北部一道为秦代始筑、西汉加筑沿用的秦汉长城，中部一道为燕国修筑的燕北长城，南部一道为东汉长城。关于北部、中部两道长城的时代认定，也是为20世纪六七十年代内蒙古自治区、辽宁省的考古调查者通过实地踏勘后所认识到的。后来的研究者或认为北部长城的始筑年代也在战国燕时期，从而发明了燕北长城南线、北线，其中部分原因，或许是受到了辽西地区秦代遗物仍然体现为原战国燕文化风格的误导。

〔1〕 姜念思：《长城起源的考古学考察》，《中国文物报》2006年8月25日。
〔2〕 韩建业：《试论作为长城"原型"的北方早期石城带》，《华夏考古》2008年第1期。
〔3〕 辛德勇：《阴山高阙与阳山高阙辨析——并论秦始皇万里长城西段走向以及长城之起源诸问题》，《文史》2005年第3辑。

本次调查中，在秦汉长城沿线采集的遗物标本，相当一部分呈现出战国燕文化的特征。在秦并六国之后直到西汉武帝时期，辽西地区仍然长时间地保留了战国燕文化的因素，并不是能够即可为中原所同化的。在秦汉长城沿线发现的秦代陶量、铁权和秦汉时期的县级城邑等遗存，均将这条长城的时代指向了秦、西汉两个主要时期。秦汉长城的始筑年代在秦始皇三十三年（公元前214年），据《史记·蒙恬列传》记载："秦已并天下，乃使蒙恬将三十万众北逐戎狄，收河南。筑长城，因地形，用制险塞，起临洮，至辽东，延袤万余里。"这条秦汉长城，即是秦始皇万里长城的重要组成部分。在修筑万里长城之前，秦朝可能短暂地利用过燕北长城作为防御匈奴的防线。至于有的学者认为燕北长城为北魏所继续沿用[1]，推测成分居多，缺乏实地调查的证据支持。

秦长城为西汉所加筑沿用，也有史料可查。如《后汉书·乌桓鲜卑列传》记载："及武帝遣骠骑将军霍去病击破匈奴左地，因徙乌桓于上谷、渔阳、右北平、辽西、辽东五郡塞外，为汉侦察匈奴动静。"霍去病击破匈奴左地，事发汉武帝元狩年间（公元前122~前117年），西汉王朝在利用秦长城进行防御的同时，在长城之外还安排乌桓侦查匈奴动静，达到了双保险的效果。

秦汉长城在从奈曼旗向东进入库伦旗之际消失不见，再往东有东西横穿的养畜牧河，其北为茫茫的科尔沁沙地。秦汉时期在这一地段是否修筑有长城，或者直接利用养畜牧河作为河险，或者长城墙体消于后来形成的科尔沁沙地之中，都是本次调查未能解决的问题。在库伦旗新发现的一条大致呈南-北走向的长城，虽然初步推断其为一道西汉长城，但它与秦汉长城究竟是什么关系，也很难分析清楚。这些问题的解决，期待结合辽宁省境内同类遗存的调查成果，或许可以理出一些端绪。

东汉时期，右北平郡治所从平刚迁至土垠（今河北省丰润县东），辽东、辽西、右北平三郡在燕山以北、努鲁儿虎山以东一线的行政建制均被撤销，三郡的主要管辖范围撤退至燕山以南、努鲁尔虎山以西一带。本次调查的东汉长城位于燕山北侧，反映了东汉王朝与北方民族在这一地区势力的胶着。东汉王朝修筑的长城没有东西连贯的墙体，而是断续的壕堑与烽燧、障城的结合体，并不是一条完全意义上的防御体系，其主要功能在于警戒和通讯，而负责这条长城守卫的主要是乌桓部族。

《后汉书·乌桓鲜卑列传》记载东汉招降乌桓部族守边一事，在光武帝建武二十五年（公元49年）。前此，建武十二年（公元36年），据《后汉书·光武帝纪》记载，光武帝"遣骠骑大将军杜茂将众郡施刑屯北边，筑亭候，修烽燧。"杜茂所筑烽燧亭候或在今山西省北部一带，仅筑烽燧亭候而没有提到墙体，这样的长城体系成为东汉长城的一个重要特点。

---

〔1〕 艾冲：《北朝诸国长城新考》，中国长城学编《长城国际学术研讨会论文集》，吉林人民出版社，1995年。

附表

附表一 东南部战国秦汉长城烽燧统计表

序号	名称	编号	所属旗县区	所属长城	相邻长城段落	形制	尺寸（米）
1	小瓦房沟1号烽燧	150430353201020001	敖汉旗	战国燕北长城	小瓦房沟长城	石砌，空心，近长方形	20×18
2	小瓦房沟2号烽燧	150430353201020002	敖汉旗	战国燕北长城	小瓦房沟长城	石砌，空心，长方形	19×17
3	化匠沟1号烽燧	150430353201020003	敖汉旗	战国燕北长城	化匠沟长城	石砌，空心，长方形	19×11
4	化匠沟2号烽燧	150430353201020004	敖汉旗	战国燕北长城	化匠沟长城	石砌，空心，长方形	18×11.5
5	北新地烽燧	150430353201020005	敖汉旗	战国燕北长城	北新地长城2段	石砌，空心，正方形	7.5×7.5
6	田家沟烽燧	150430353201020006	敖汉旗	战国燕北长城	田家沟长城	石砌，空心，圆形	直径11
7	荀家沟1号烽燧	150430353201020007	敖汉旗	战国燕北长城	荀家沟长城1段	石砌，空心，圆形	直径16
8	荀家沟2号烽燧	150430353201020008	敖汉旗	战国燕北长城	荀家沟长城1段	石砌，空心，近梯形	14×11.6
9	李家杖子1号烽燧	150430353201020009	敖汉旗	战国燕北长城	李家杖子长城	石砌，空心，长方形	10×6
10	李家杖子2号烽燧	150430353201020010	敖汉旗	战国燕北长城	李家杖子长城	石砌，空心，长方形	11×6.3
11	李家杖子3号烽燧	150430353201020011	敖汉旗	战国燕北长城	李家杖子长城	石砌，空心，圆形	直径9.2
12	李家杖子4号烽燧	150430353201020012	敖汉旗	战国燕北长城	李家杖子长城	石砌，空心，圆形	直径5.3
13	东沟烽燧	150430353201020013	敖汉旗	战国燕北长城	东沟长城3段	石砌，空心，长方形	9×8
14	兰家窝铺烽燧	150430353201020014	敖汉旗	战国燕北长城	兰家窝铺长城3段	石砌，空心，长方形	4×3

序号	名称	编号	所属旗县区	所属长城	相邻长城段落	形制	尺寸（米）
15	陈家杖子1号烽燧	1504303532011020015	敖汉旗	战国燕北长城	陈家杖子长城3段	石砌，空心，圆形	外径6、内径3
16	陈家杖子2号烽燧	1504303532011020016	敖汉旗	战国燕北长城	陈家杖子长城3段	石砌，空心，椭圆形	长径15、短径11
17	格斗营子1号烽燧	1504303532011020017	敖汉旗	战国燕北长城	格斗营子长城3段	石砌，空心，圆角长方形	7×5
18	格斗营子2号烽燧	1504303532011020018	敖汉旗	战国燕北长城	格斗营子长城3段	石砌，空心，圆角正方形	边长5
19	格斗营子3号烽燧	1504303532011020019	敖汉旗	战国燕北长城	格斗营子长城3段	石砌，空心，圆形	外径3、内径2
20	水泉1号烽燧	1504303532011020020	敖汉旗	战国燕北长城	水泉长城	石砌，空心，正方形	4×4
21	水泉2号烽燧	1504303532011020021	敖汉旗	战国燕北长城	水泉长城	石砌，空心，圆角正方形	6×6
22	水泉3号烽燧	1504303532011020022	敖汉旗	战国燕北长城	水泉长城	石砌，空心，长方形	12×11
23	小马连沟1号烽燧	1504303532011020023	敖汉旗	战国燕北长城	小马连沟长城1段	石砌，空心，圆角长方形	13×9
24	小马连沟2号烽燧	1504303532011020024	敖汉旗	战国燕北长城	小马连沟长城1段	石砌，空心，圆形	外径8、内径7
25	小马连沟3号烽燧	1504303532011020025	敖汉旗	战国燕北长城	小马连沟长城2段	石砌，空心，长方形	11×7
26	谢家营子1号烽燧	1504033532011020001	元宝山区	战国燕北长城	谢家营子长城2段	石砌，空心，椭圆形	长径7、短径6
27	谢家营子2号烽燧	1504033532011020002	元宝山区	战国燕北长城	谢家营子长城3段	石砌，空心，圆形	直径5
28	谢家营子3号烽燧	1504033532011020003	元宝山区	战国燕北长城	谢家营子长城3段	石砌，空心，圆形	直径8
29	谢家营子4号烽燧	1504033532011020004	元宝山区	战国燕北长城	谢家营子长城3段	石砌，空心，圆形	直径6
30	房身烽燧	1504033532011020005	元宝山区	战国燕北长城	房身长城	石砌，空心，圆形	直径5
31	乌兰乌苏1号烽燧	1504033532011020006	元宝山区	战国燕北长城	乌兰乌苏长城	石砌，空心，圆形	直径7
32	乌兰乌苏2号烽燧	1504033532011020007	元宝山区	战国燕北长城	乌兰乌苏长城	石砌，空心，正方形	6×6
33	大营子烽燧	1504033532011020008	元宝山区	战国燕北长城	大营子长城3段	石砌，空心，圆形	直径6

续表

序号	名称	编号	所属旗县区	所属长城	相邻长城段落	形制	尺寸（米）
34	中窑沟烽燧	150403353201020009	元宝山区	战国燕北长城	中窑沟长城2段	石砌，空心，圆形	直径8
35	刘家店1号烽燧	150428353201020001	喀喇沁旗	战国燕北长城	刘家店长城1段	石砌，空心，圆形	直径8
36	刘家店2号烽燧	150428353201020002	喀喇沁旗	战国燕北长城	刘家店长城1段	石砌，空心，圆形	直径6
37	刘家店3号烽燧	150428353201020003	喀喇沁旗	战国燕北长城	刘家店长城4段	石砌，空心，圆形	直径5
38	刘家店4号烽燧	150428353201020004	喀喇沁旗	战国燕北长城	刘家店长城5段	石砌，空心，圆形	直径8
39	姜家湾1号烽燧	150428353201020005	喀喇沁旗	战国燕北长城	姜家湾长城1段	石砌，空心，圆形	直径5.5
40	姜家湾2号烽燧	150428353201020006	喀喇沁旗	战国燕北长城	姜家湾长城2段	石砌，空心，圆形	直径8
41	双合兴烽燧	150525353201040001	奈曼旗	秦汉长城	双河兴长城4段	土筑，不规则圆形	东西20~25、南北30~35
42	新安屯烽燧	150525353201040002	奈曼旗	秦汉长城	新安屯长城3段	土筑，不规则圆形	东西20~25、南北30~35
43	苇塘沟烽燧	150525353201040003	奈曼旗	秦汉长城	苇塘沟长城2段	土筑，不规则圆形	东西20~25、南北30~35
44	关东沟烽燧	150430353201040001	敖汉旗	秦汉长城	关东沟长城1段	石砌，空心，近正方形	11.6×11.6
45	八家1号烽燧	150404353201040001	松山区	秦汉长城	八家长城2段	石砌，空心，圆形	直径9~10.3
46	八家2号烽燧	150404353201040002	松山区	秦汉长城	八家长城2段	石砌，空心，长方形	9×7
47	马营子1号烽燧	150524353201040001	库伦旗	西汉长城	马营子长城4段	土筑，形状不规则	周长42
48	马营子2号烽燧	150524353201040002	库伦旗	西汉长城	马营子长城4段	土筑，近圆形	直径15
49	朱碌嘎山烽燧	150428353201040001	喀喇沁旗	东汉长城	无	黄土夯筑，圆形	底部直径17
50	新房身烽燧	150428353201040002	喀喇沁旗	东汉长城	无	黄土夯筑，圆形	底部直径19
51	三道沟1号烽燧	150428353201040003	喀喇沁旗	东汉长城	三道沟壕堑	黄土夯筑，圆形	底部直径35
52	三道沟2号烽燧	150428353201040004	喀喇沁旗	东汉长城	三道沟壕堑	黄土夯筑，圆形	底部直径25

续表

序号	名称	编号	所属旗县区	所属长城	相邻长城段落	形制	尺寸（米）
53	三道沟3号烽燧	150428353201040005	喀喇沁旗	东汉长城	三道沟壕堑	黄土夯筑，圆形	底部直径25
54	三道沟4号烽燧	150428353201040006	喀喇沁旗	东汉长城	三道沟壕堑	黄土夯筑，圆形	底部直径24
55	柳灌沟烽燧	150428353201040007	喀喇沁旗	东汉长城	柳灌沟壕堑	黄土夯筑，圆形	底部直径22
56	米家营子烽燧	150428353201040008	喀喇沁旗	东汉长城	米家营子壕堑	黄土夯筑，圆形	底部直径27
57	新丘烽烽燧	150428353201040009	喀喇沁旗	东汉长城	无	黄土夯筑，圆形	底部直径19
58	百宝营子烽燧	150428353201040010	喀喇沁旗	东汉长城	无	黄土夯筑，长方形	4.7×1.8
59	炮手营子烽燧	150428353201040011	喀喇沁旗	东汉长城	无	形制无存	不清
60	贾家梁烽燧	150428353201040012	喀喇沁旗	东汉长城	无	黄土夯筑，圆形	底部直径18
61	北山根1号烽燧	150428353201040013	喀喇沁旗	东汉长城	无	黄土夯筑，圆形	底部直径31
62	北山根2号烽燧	150428353201040014	喀喇沁旗	东汉长城	无	黄土夯筑，圆形	底部直径18.8
63	北山根3号烽燧	150428353201040015	喀喇沁旗	东汉长城	无	黄土夯筑，圆形	底部直径17
64	北山根4号烽燧	150428353201040016	喀喇沁旗	东汉长城	无	黄土夯筑，圆形	底部直径16米
65	北山根5号烽燧	150428353201040017	喀喇沁旗	东汉长城	无	黄土夯筑，圆形	底部直径19
66	三眼井烽燧	150428353201040018	喀喇沁旗	东汉长城	三眼井壕堑	黄土夯筑，圆形	底部直径21
67	二道烽燧	150428353201040019	喀喇沁旗	东汉长城	三眼井壕堑	黄土夯筑，圆形	底部直径27
68	马牛草沟烽燧	150429353201040001	宁城县	东汉长城	无	黄土夯筑，圆形	底部直径28
69	水泉沟烽燧	150429353201040002	宁城县	东汉长城	无	黄土夯筑，圆形	底部直径15
70	桃海烽燧	150429353201040003	宁城县	东汉长城	无	黄土夯筑，圆形	底部直径20.4
71	敖汉营子1号烽燧	150429353201040004	宁城县	东汉长城	无	黄土夯筑，圆形	底部直径24

续表

序号	名称	编号	所属旗县区	所属长城	相邻长城段落	形制	尺寸（米）
72	敖汉营子2号烽燧	150429353201040005	宁城县	东汉长城	无	黄土夯筑，圆形	底部直径23
73	八家烽燧	150429353201040006	宁城县	东汉长城	无	黄土夯筑，圆形	底部直径22
74	南山根烽燧	150429353201040007	宁城县	东汉长城	无	黄土夯筑，圆形	底部直径24
75	黑城沟烽燧	150429353201040008	宁城县	东汉长城	无	黄土夯筑，圆形	底部直径23
76	三道营子烽燧	150429353201040009	宁城县	东汉长城	无	黄土夯筑，圆形	底部直径23
77	白石头烽燧	150429353201040010	宁城县	东汉长城	无	黄土夯筑，圆形	底部直径16
78	大宝贝台1号烽燧	150429353201040011	宁城县	东汉长城	无	黄土夯筑，圆形	底部直径20
79	大宝贝台2号烽燧	150429353201040012	宁城县	东汉长城	无	黄土夯筑，圆形	底部直径14
80	东北沟烽燧	150429353201040013	宁城县	东汉长城	无	黄土夯筑，圆形	底部直径20
81	热水沟烽燧	150429353201040014	宁城县	东汉长城	无	黄土夯筑，圆形	底部直径14
82	金銮殿山烽燧	150429353201040015	宁城县	东汉长城	金銮殿山壕堑	黄土夯筑，圆形	底部直径9
83	老爷庙烽燧	150429353201040016	宁城县	东汉长城	无	黄土夯筑，圆形	底部直径20
84	丛家山头1号烽燧	150429353201040017	宁城县	东汉长城	无	黄土夯筑，圆形	底部直径20
85	丛家山头2号烽燧	150429353201040018	宁城县	东汉长城	无	黄土夯筑，圆形	底部直径17
86	小窑沟烽燧	150429353201040019	宁城县	东汉长城	无	黄土夯筑，长方形	13×12
87	罗匠沟门烽燧	150429353201040020	宁城县	东汉长城	无	夯筑	
88	石洞子梁烽燧	150429353201040021	宁城县	东汉长城	无	黄土夯筑，圆形	底部直径18
89	东山烽燧	150429353201040022	宁城县	东汉长城	无	土筑，圆形	底部直径16
90	南毛烽燧	150429353201040023	宁城县	东汉长城	无	黄土夯筑，圆形	底部直径20

续表

序号	名称	编号	所属旗县区	所属长城	相邻长城段落	形制	尺寸（米）
91	大南沟烽燧	150429353201040024	宁城县	东汉长城	大南沟壕堑1段	夯筑，圆形	底部直径20
92	羊草沟烽燧	150429353201040025	宁城县	东汉长城	大南沟壕堑2段	黄土夯筑，圆形	底部直径23
93	小松树沟烽燧	150429353201040026	宁城县	东汉长城	小松树沟壕堑	黄土夯筑，圆形	底部直径20
94	大松树沟1号烽燧	150429353201040027	宁城县	东汉长城	大松树沟壕堑1段	黄土夯筑，圆形	底部直径18
95	大松树沟2号烽燧	150429353201040028	宁城县	东汉长城	大松树沟壕堑2段	黄土夯筑，圆形	底部直径17

附表二　东南部战国秦汉长城障城统计表

序号	名称	编号	所属旗县区	所属长城	相邻长城段落	与相邻长城距离	形制	尺寸（米）
1	李家杖子障城	150430353102020001	敖汉旗	战国燕北长城	李家杖子长城	0.036千米	不规则四边形	东墙40、西墙37、南墙28、北墙20
2	房申障城	150430353102020002	敖汉旗	战国燕北长城	兰家窝铺长城1段	0.5千米	不规则四边形	北墙41、南墙50、东墙42、西墙40
3	城子山障城	150403353102020005	元宝山区	战国燕北长城	冷水塘长城1段	1.1千米	长方形	100×50
4	朝阳沟障城	150403353102030003	元宝山区	战国燕北长城	朝阳沟长城3段	0.027千米	长方形	18×16
5	砖瓦窑1号障城	150403353102020004	元宝山区	战国燕北长城	砖瓦窑长城2段	0.04千米	长方形	19×16
6	砖瓦窑2号障城	150403353102030002	元宝山区	战国燕北长城	砖瓦窑长城3段	0.37千米	近长方形	206×200
7	房身障城	150403353102020005	元宝山区	战国燕北长城	房身长城	0.058千米	圆形	直径17
8	刘家店1号障城	150428353102020001	喀喇沁旗	战国燕北长城	刘家店长城2段	0.026千米	正方形	100×100
9	刘家店2号障城	150428353102020002	喀喇沁旗	战国燕北长城	刘家店长城5段	0.168千米	正方形	45×45
10	槟榔沟1号障城	150428353102020003	喀喇沁旗	战国燕北长城	槟榔沟长城1段	0米	正方形	60×60
11	槟榔沟2号障城	150428353102020004	喀喇沁旗	战国燕北长城	槟榔沟长城2段	0.012千米	不规则四边形	北墙12.5、南墙9.5、东墙11、西墙11
12	姜家湾1号障城	150428353102020005	喀喇沁旗	战国燕北长城	姜家湾长城1段	0.047千米	长方形	19×9
13	姜家湾2号障城	150428353102020006	喀喇沁旗	战国燕北长城	姜家湾长城4段	0米	不规则四边形	北墙64、南墙70、东墙36、西墙42
14	苇塘沟障城	150525353102040001	奈曼旗	秦汉长城	苇塘沟长城4段	0米	近梯形	北墙13.5、南墙15、东墙19、西墙18
15	上水泉障城	150430353102040001	敖汉旗	秦汉长城	上水泉长城	0.015千米	近长方形	88×79
16	东城子障城	150430353102040002	敖汉旗	秦汉长城	东城子长城	0米	正方形	71×71
17	刁家营子障城	150430353102040003	敖汉旗	秦汉长城	刁家营子长城1段	0.04千米	长方形	111×101
18	大敖吉障城	150430353102040004	敖汉旗	秦汉长城	大敖吉长城	0米	不规则四边形	北墙196、南墙175、东墙173、西墙151

续表

序号	名称	编号	所属旗县区	所属长城	相邻长城段落	与相邻长城距离	形制	尺寸（米）
19	白塔子东城子障城	150430353102040005	敖汉旗	秦汉长城	东河北长城	0米	不规则四边形	北墙72、南墙77、东墙80、西墙69
20	齐大窝铺障城	150430353102040006	敖汉旗	秦汉长城	齐大窝铺长城	0.01千米	正方形	102×102
21	土城子障城	150430353102040007	敖汉旗	秦汉长城	土城子长城	0.157千米	近长方形	54×50
22	乃曼格尔障城	150524353102040001	库伦旗	西汉长城	乃曼格尔长城1段	0米	长方形	27×7.4
23	马营子障城	150524353102040002	库伦旗	西汉长城	马营子长城3段	0米	近长方形	108×62
24	瓦房山障城	150428353102040001	喀喇沁旗	东汉长城	柳灌沟壕堑	0.719千米	近圆形	直径约107
25	北山根障城	150428353102040002	喀喇沁旗	东汉长城	米家营子壕堑	0.211千米	近长方形	220×（109~137）
26	塔其营子障城	150429353102040001	宁城县	东汉长城	无	无	近正方形	168×162
27	喇嘛洞1号障城	150429353102040003	宁城县	东汉长城	无	无	近正方形	5.6×5.6
28	喇嘛洞2号障城	150429353102040004	宁城县	东汉长城	无	无	不规则长方形	79×27

参考文献

一　古　籍

（西汉）司马迁：《史记》，中华书局，1959年。

（西汉）班固：《汉书》，中华书局，1962年。

（南朝宋）范晔：《后汉书》，中华书局，1965年。

（西晋）陈寿：《三国志》，中华书局，1959年。

二　工具书、考古报告、专著与论文集

张维华：《中国长城建置考》，中华书局，1979年。

中国考古学会编《中国考古学会第一次年会论文集》，文物出版社，1979年；中国考古学会编《中国考古学会第六次年会论文集》，文物出版社，1987年。

文物编辑委员会编《中国长城遗迹调查报告集》，文物出版社，1981年。

谭其骧主编《中国历史地图集》第二册《秦·西汉·东汉时期》，中国地图出版社，1982年。

张志立、王宏刚主编《东北亚历史与文化》，辽沈书社，1991年。

李文信：《李文信考古文集》，辽宁人民出版社，1992年。

周清澍主编《内蒙古历史地理》，内蒙古大学出版社，1994年。

苏秉琦：《华人·龙的传人·中国人》，辽宁大学出版社，1994年。

李逸友：《北方考古研究（一）》，中州古籍出版社，1994年。

中国长城学会编《长城国际学术研讨会论文集》，吉林人民出版社，1995年。

国家文物局主编《中国文物地图集·内蒙古自治区分册》（上、下册），西安地图出版社，2003年。

邓辉：《从自然景观到文化景观——燕山以北农牧交错地带人地关系演变的历史地理学透视》，商务印书馆，2005年。

三　考古调查、发掘简报与论文

佟柱臣：《考古学上汉代及汉代以前的东北疆域》，《考古学报》1956年第1期。

冯永谦、姜念思：《宁城县黑城古城址调查》，《考古》1982年第2期。

李殿福：《西汉辽西郡水道、郡县治所初探——兼论奈曼沙巴营子古城为西汉文成县》，《辽宁大学学报》（哲学社会科学版）1982年第2期。

内蒙古自治区原昭乌达盟文物工作站：《昭乌达盟汉代长城遗址调查报告》，《文物》1985年第4期。

李庆发、张克举：《辽宁西部汉代长城调查报告》，《北方文物》1987年第2期。

李庆发、张克举：《辽西地区燕秦长城调查报告》，《辽海文物学刊》1991年第2期。

李逸友：《中国北方长城考述》，《内蒙古文物考古》2001年第1期。

辛德勇：《阴山高阙与阳山高阙辨析——并论秦始皇万里长城西段走向以及长城之起源诸问题》，《文史》2005年第3辑。

姜念思：《长城起源的考古学考察》，《中国文物报》2006年8月25日。

袁志鹏：《也谈汉代的亭》，《社科纵横》2006年第12期。

韩建业：《试论作为长城"原型"的北方早期石城带》，《华夏考古》2008年第1期。

后 记

　　2010年底，全部长城田野调查任务完成之后，于2011~2012年，内蒙古自治区长城资源调查项目组陆续组织各长城调查队开展了明以前长城调查资料的整理工作。赤峰市、通辽市战国秦汉长城的调查资料整理和调查报告初稿编写等工作，于2013年上半年全面完成，参加资料整理和调查报告初稿编写的人员有马凤磊、邰新河、刘伟臣、郭勇、崔伟春、刘伟东等。调查报告的后期统稿工作，由张文平、马凤磊于2013年下半年完成。在统稿的过程中，结合发现的部分疑问，同时为了增加资料的完整性，又对东南部战国秦汉长城沿线的部分障城和边城遗址开展了专门调查，运用GPS-RTK全球定位系统对部分遗址作了测绘，参加人员有张文平、马凤磊、马登云、李化冰、黄云波、刘伟臣等。

　　此外，内蒙古自治区长城资源调查的合作单位内蒙古自治区航空遥感测绘院，绘制了本报告中所有长城墙体及其附属设施、单体建筑、相关遗存的分布图。主要绘制人员有杜斌、张桂莲、赵海霞、杨晓燕、包东妍、张丽娜、李淑敏、郝利娟、孙晶晶等。

　　长城资源调查工作是国家文物局领导下的大型文化遗产调查项目，从调查工作的开展到调查报告的编写、出版，都得到了国家文物局相关领导以及文物保护与考古司的大力支持。设在中国文化遗产研究院的国家长城资源调查项目组的领导和专家，一直从业务方面对内蒙古自治区的长城调查工作进行着不遗余力的指导。内蒙古自治区长城调查工作所取得的每一份成就，都离不开他们的心血与汗水。最后，感谢内蒙古自治区文化厅（文物局）及内蒙古博物院、内蒙古自治区文物考古研究所的领导和同仁们对长城资源调查工作的关心与支持。

　　由于编写时间仓促，加之水平有限，本报告难免存在诸多问题，敬请广大同行、读者批评指正。

编者

2013年11月15日

地图·彩图

图 例

符号	名称	符号	名称
⊓⊓⊓⊓⊓⊓	土墙	│	长城分隔符
■■■■■■	石墙	△	烽火台
⊓⊓⊓⊓⊓⊓	砖墙	⊡	敌台
⊓⊓⊓⊓⊓⊓	消失的墙体	✛	营堡
∧∧∧∧∧∧	山险	⊖	挡马墙
⌒⌒⌒⌒⌒	河险	⊞	城楼
∿∿∿∿∿∿	山险墙	⊚	砖瓦窑
▲ ▲ ▲ ▲	界壕	⊙	题记刻碑
▲--▲--▲--▲	壕堑	◔	居住址
--------------	其他墙体	⊡	其他相关遗存、遗迹

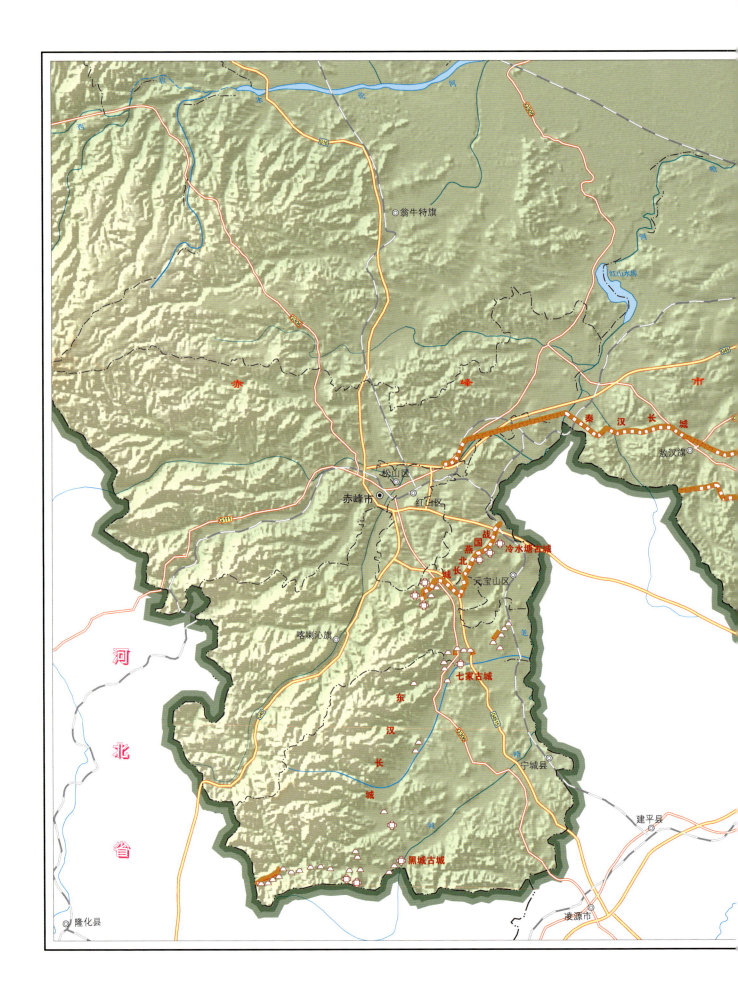

赤峰市

翁牛特旗

红山水库

赤　　　峰　　　市

秦　汉　长　城

敖汉旗

松山区

赤峰市

红山区

战国燕北长城

冷水塘古城

元宝山区

喀喇沁旗

七家古城

东汉长城

宁城县

建平县

黑城古城

河　北　省

隆化县

凌源市

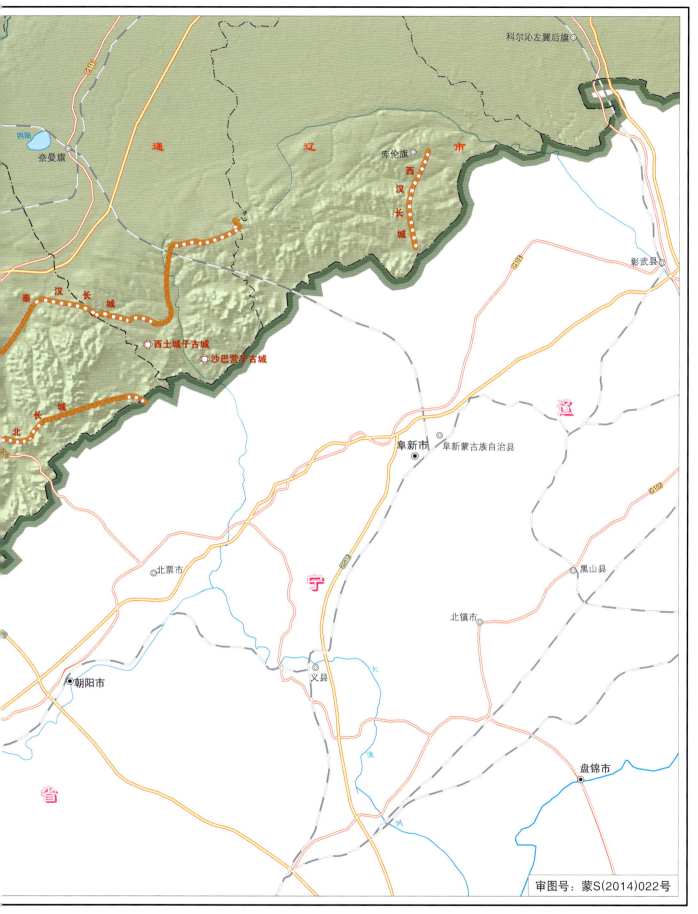

科尔沁左翼后旗

西湖

奈曼旗

通　辽　市

库伦旗

西汉长城

彰武县

秦　汉　长　城

西土城子古城

沙巴营子古城

长　城

北　城

阜新市

阜新蒙古族自治县

辽

黑山县

北票市

宁

北镇市

朝阳市

义县

盘锦市

省

审图号：蒙S(2014)022号

0　　10.0　　20.0　　30.0　　40.0　　50.0千米　　地图一　内蒙古自治区东南部战国秦汉长城分布图

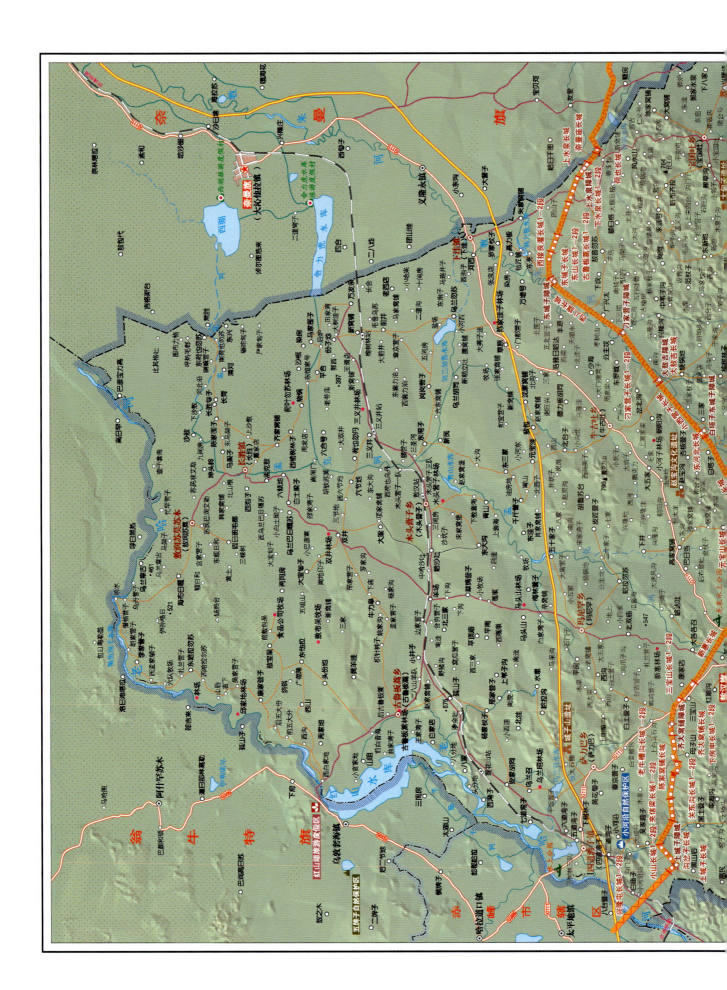

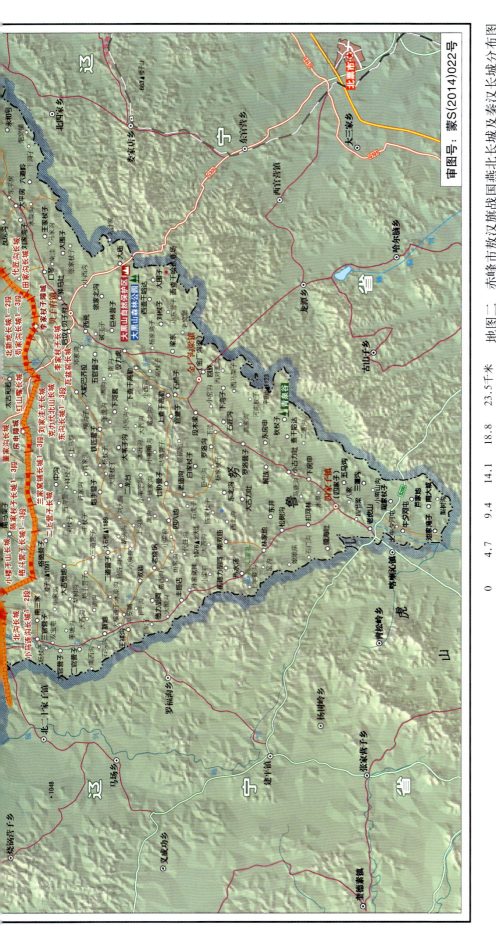

审图号：蒙S(2014)022号　　　地图二　赤峰市敖汉旗战国燕北长城及秦汉长城分布图

0　4.7　9.4　14.1　18.8　23.5千米

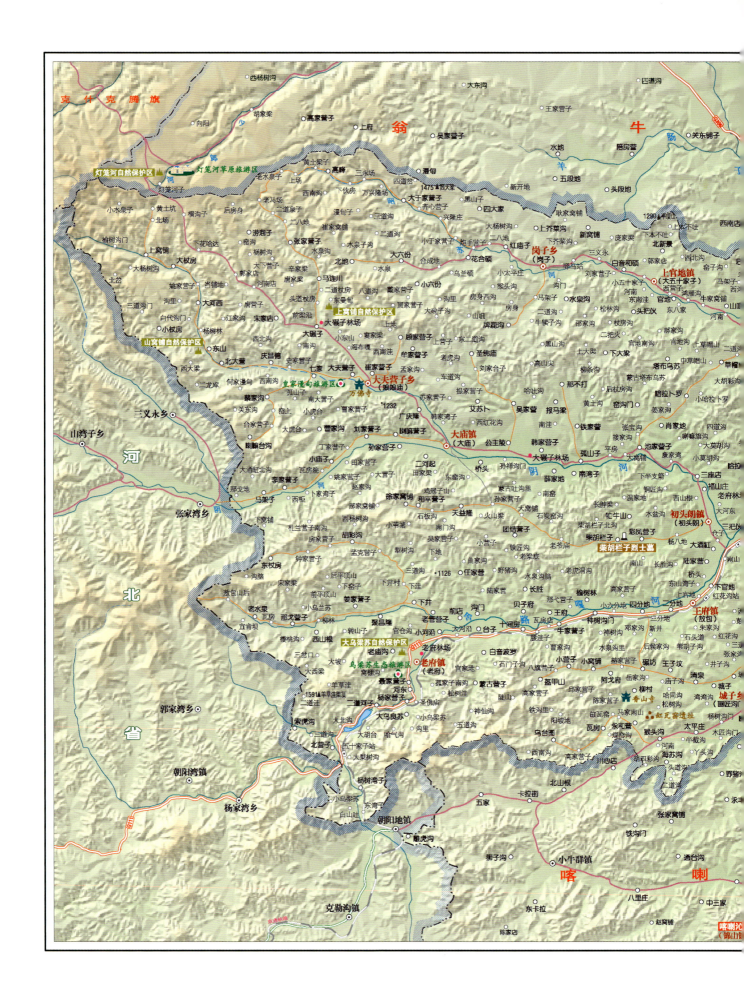

克什克腾旗

翁

牛

河

北

省

三义永乡

山湾子乡

张家湾乡

郭家湾乡

朝阳湾镇

杨家湾乡

灯笼河自然保护区

灯笼河草原旅游区

山窝铺自然保护区

上窝铺自然保护区

皇家漫甸旅游区

万佛寺

大夫营子乡
(娘娘庙)

大庙镇
(大庙)

大乌梁苏自然保护区

乌梁苏生态旅游区

老府镇
(老府)

朝阳地镇

克勒沟镇

岗子乡
(岗子)

上官地镇
(大五十家子)

初头朗镇
(初头朗)

柴胡栏子烈士墓

王府镇
(敖包)

城子乡
(园田沟)

香山寺

红庙子窑遗址

喀

喇

小牛群镇

喀喇沁
(锦山镇)

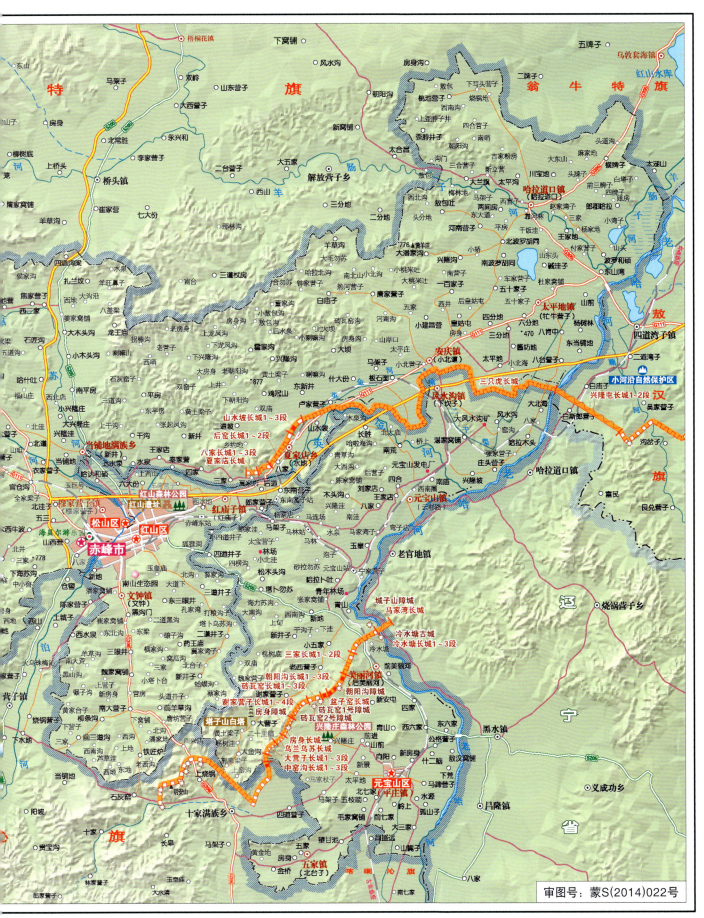

地图三 赤峰市元宝山区战国燕北长城及
松山区秦汉长城分布图

审图号：蒙S(2014)022号

0 4.5 8.0 12.0 16.0 20.0千米

119

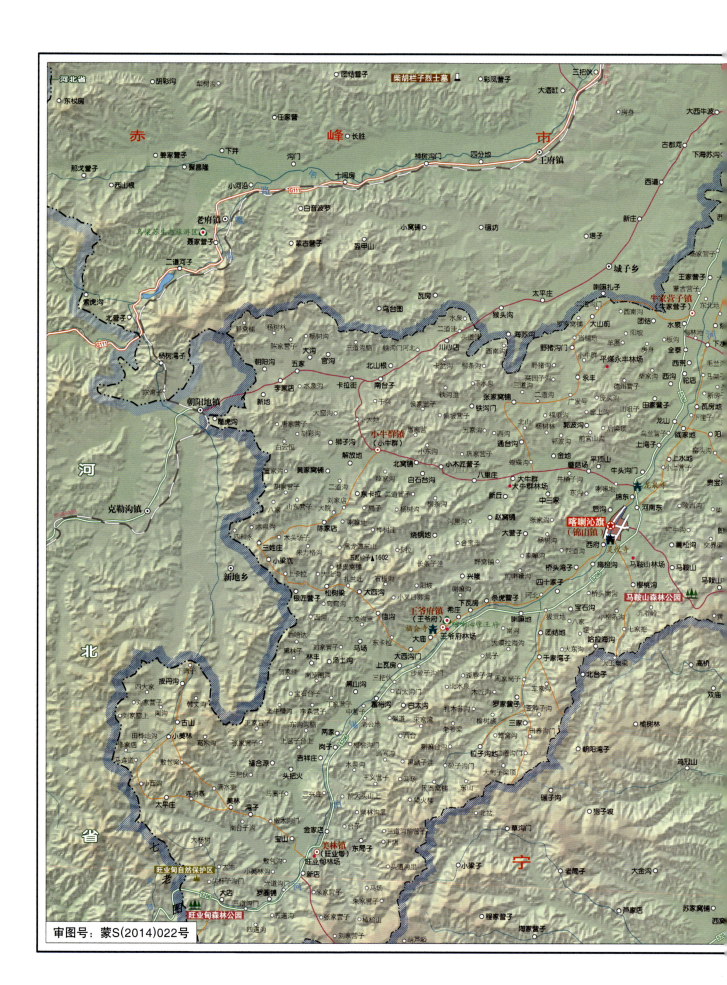

河北省

赤　峰　市

胡彩沟　梨树沟　团结营子　　柴胡栏子烈士墓　彩凤营子

东杖房　　　　　任家营　　　　　　　　　　　　　　　　三把仗
那戈营子　姜家营子　下井　沟门　长胜　神树沟门　四分地　王府镇　大酒缸
　　　　　　　　　　　　　　　十间房　　　　　　　　　　　　　　　　丙身　大西牛波
西山根　聚昌隆　小河沿　　　　　G111　　　　　　　　　　　　　古都河　下海苏沟
　　　　老府镇　白音波罗　　　　　　　　　　　　　　　　　　　西道
乌梁苏生态旅游区　　　　　　　小窝铺　　　　　　　　　　　　塔子
二道河子　聂家营子　蒙古营子　盈甲山　　　　　　　　　新庄
紫虎沟　　　　　　　　　　　　　　　　太平庄　　喇嘛扎子　城子乡　王家营子　蒙古营子
北营子　　　　　　瓦房　　水泉　猴头拉　海苏沟　　西南沟　大山前　团结　阳坡　西荒　杨家营子
G111　　杨树湾子　野窝铺　杨树林　杨树沟　　二道沟脑　软沟门河北　川心店　西南沟　野猪沟门　小牛群　永丰　平煤永丰林场　毛兰营子
狍满汏　　　　陈家营子　大沟　官下　　北山根　卡宝拉街　　　猴头拉　野猪沟　　　蒸园子沟　　德州营子　柴胡营子　西沟　驼店
杨树湾子　朝阳地镇　朝阳沟　五家　　　　　南台子　千家　下水泉　　三道沟　　前宫山沟　上海子　龙山　田家营子　阎家沟　瓦房地
隆虎沟　　李家店　水泉沟　卡拉街　　侯家营子　铁沟里　张家窝铺　郭波沟　山咀子　　乌兰营子　龙山　　马粉沟
　　新地　　　小木地　卜大地　　五家沟　　铁河门　庞头沟　金地　平顶山　　牛头沟门　上水地　小上营子　奠宝
河　　克勒沟镇　唐家营子　小牛群镇　焦家营子　　通台沟　　蝲蛄沟　　金地　　蘑菇山　牛头沟门　河南东　龙泉寺
　　　　胡彩沟　　狮子沟　解放地　北窝铺　小东沟　巩家营子　　杨树沟　　西府　　井楠子沟　　忙牛沟　奠宝西沟
　　　富家沟　黄家窝铺　　　小木匠营子　八里庄　大牛群　中三家　　喇嘛地　　　喀喇沁旗　蒿松沟　交界沟
北　　　　二道沟　薛家沟　白石台沟　柳荫沟　新丘　大牛群林场　东沟　　（锦山镇）　灵悦寺　马鞍山林场　马鞍沟
　　胡家营子　刘家店　东卡拉　二道营子　　河里沟　赵窝铺　张家沟　杨树沟　　　桥头湾子　四十家子　　樱桃沟　马鞍山森林公园
　　　八家　山东营子　大院　喇嘛沟　桦树洼　烧锅地　　合宝洼　　野窝铺　喇嘛地　　　马鞍山森林公园
　　　四和永　木头场子　陈家店　黑龙源东山　五腿沟子▲1602　百板岭　　兴隆　前喇嘛地　桥头沟　宝石沟　小锦山　九官岭
　　三姓庄　　上卡拉　　蛇皮窝铺　　兰庄子　　坡坡　　喇嘛沟　四十家子　宝石沟　七老把
省　　小梁底　松树梁　大西沟　庙沟　　　　希庄　王爷府镇　小叉子劳动　下瓦房　杀虎营子　河北　波家地　　哈海海沟　七家把
　　　　根匠营子　写家沟　大凌河里　　　福会寺　（王爷府）　喀喇沁亲王府　　南沟　团结地　大娄拉营沟　于家窝子　大王爷　北台子　高桥
　　　　后岭达　　　　东卡拉　大庙　　王爷府林场　喇嘛地　　　　　　车家沟　　　双庙
北　　黑林子　刘家营子　马场　大西沟门　　沙砬子沟门　　东沟　亚胜子沟　周家窝子　　　　朝阳湾子
　　按丹沟　　林丰　汤土沟　上瓦房　三把仗　北水泉　小丘沟　罗家营子　歪脖沟门　榆树林
四大家　贺家渠　南坎西沟　　黑山沟　百太沟门　富裕沟　　利木苏沟　歪脖沟　三家　　　鸡冠山
　　刘家露上　布丹沟　老牛槽沟　李菜沟子　　中营子　　白太沟　老爷梁　榆树沟　　大乔沟门　朝阳汏子
古山　小葵林　　东沟湾脑道　碾道　宋家沟　　西台　蝲蛄沟　粒子沟门地二道沟门
田家地沟　张家营子　两家　　老公地　　　　　　蝲蛄沟　东台子　粒子沟门　草沟门
　　　葛家营子　　　S205　　　　　　　　　　　杀虎营子　灰圆窝铺
太连道　敖包梁　吉祥庄　福合源　　水泉沟　　王义营子　马场　烟火楼　　碾子坡　狍子坡
小西沟　连洞系　三把仗　头把火　　三兴生　加大山上　　紫林海里
　　　美林　湾子　马圈子　　旅大　　　三道沟脑海门　宁
旺业甸自然保护区　宝山　金家店　南台子沟　台子　　　　　　　小梁子　老局子　大金沟
老　　大杨树　　　　　美林镇　东局子　　二道沟门　　草沟门
图　　米杆子沟门　大店　（旺业甸）　　　　　　马场　　　　　　老局子　芦家店
旺业甸森林公园　S206　　罗圈铺　旺业甸林场　　　小美林沟　新店　　　程家营子　海家窝铺
　　　　　　　三道沟门　米家营子　　　　　　　　　　　　　卢家店
　　　　四道沟　　　　　　　朱家营子　　　　　　　　　　　菊家营子
　　　　　　　　五道沟　　　张家营子　柳树山　　　　　　　程家营子
　　　　　　　　　　　　　　葫芦沟

审图号：蒙S(2014)022号

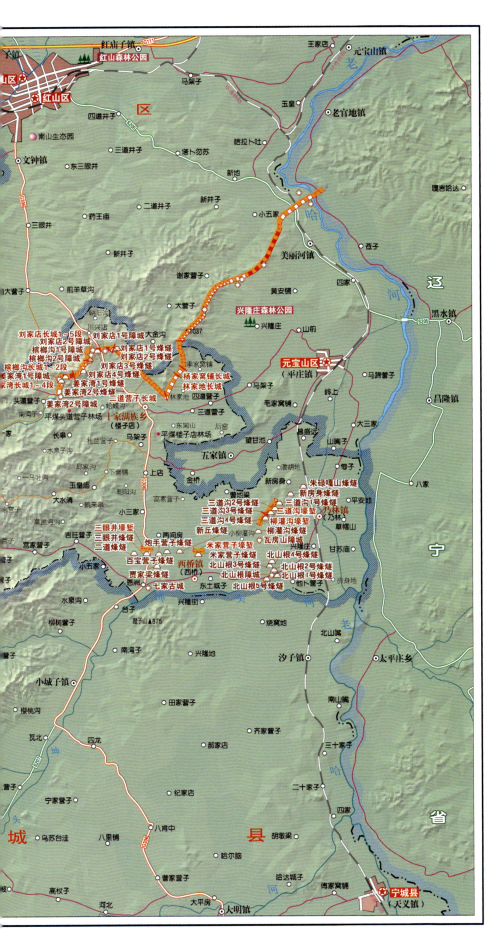

红庙子镇
G111
红山森林公园
区
红山区
四道井子
马架子
三道井子
塔卜勿苏
新地
哈拉卜吐
文钟镇
东三眼井
二道井子
新井子
小五家
哈
美丽河镇
大营子
黄安铺
兴隆庄森林公园
兴隆庄
山前
黑水镇
S205

刘家店长城1~5段
刘家店1号障城
刘家店2号障城
槟榔沟1号障城
槟榔沟2号障城
槟榔沟长城1~2段
美家湾1号障城
美家湾长城1~4段
姜家湾2号障城
刘家店1号烽燧
刘家店2号烽燧
刘家店3号烽燧
刘家店4号烽燧
杨家窝铺长城
林家地长城
姜家湾1号烽燧
姜家湾2号烽燧
二道营子长城
元宝山区
(平庄镇)

十家满族乡
(楼子店)

五家镇

三眼井壕堑
三眼井烽燧
二道烽燧
炮手营子烽燧
米家营子壕堑
米家营子烽燧
百宝营子烽燧
贾家梁烽燧
西桥镇
(西桥)
七家古城
东工城子
朱碌嘎山烽燧
新房身烽燧
三道沟1号烽燧
三道沟2号烽燧
三道沟3号烽燧
三道沟壕堑
三道沟4号烽燧
柳灌沟壕堑
新丘烽燧
柳灌沟烽燧
瓦房山障城
北山根4号烽燧
北山根3号烽燧
北山根2号烽燧
北山根障城
北山根1号烽燧
北山根5号烽燧
乃林镇

城
县
宁

宁城县
(天义镇)

0   3.5   7.0   10.5   14.0   17.5千米

地图四 赤峰市喀喇沁旗战国燕北
长城及东汉长城分布图

121

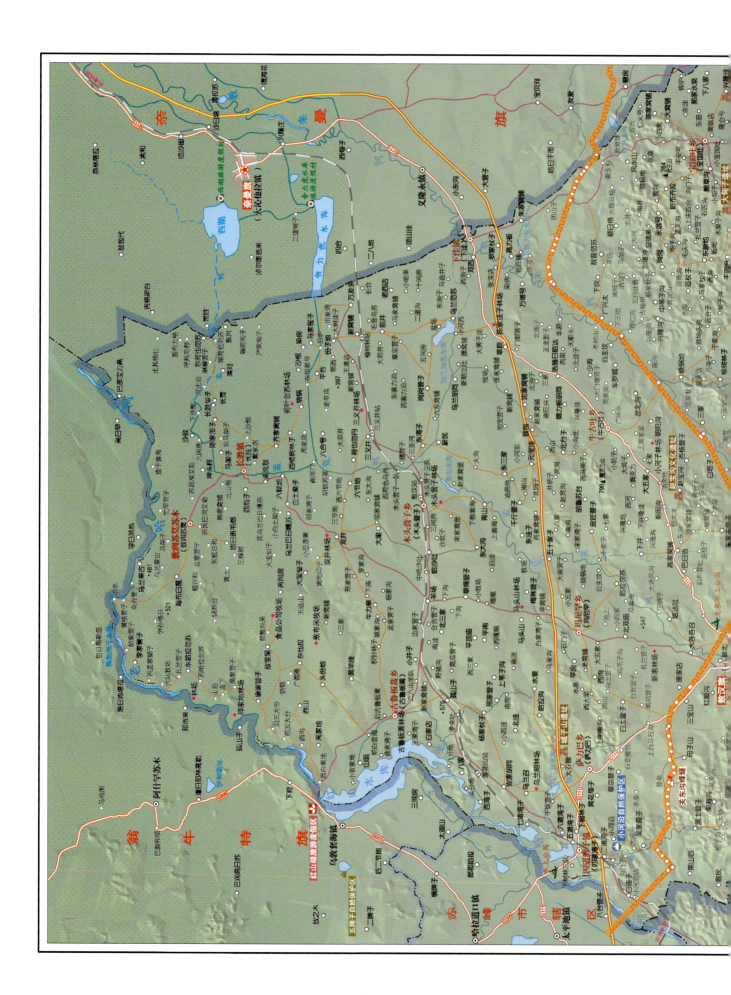

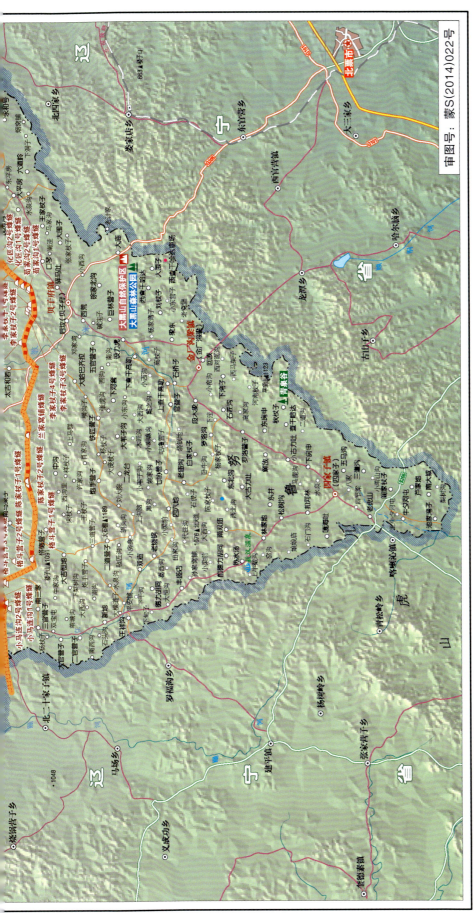

审图号：蒙S(2014)022号

地图五. 赤峰市敖汉旗烽燧分布图

0   4.7   9.4   14.1   18.8   23.5千米

123

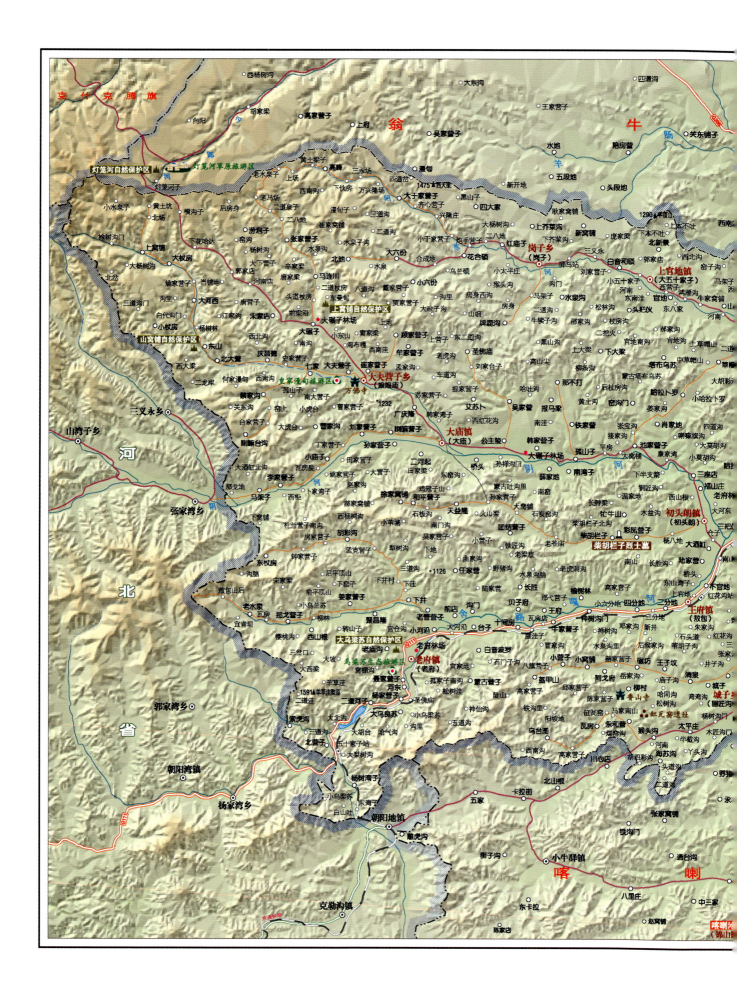

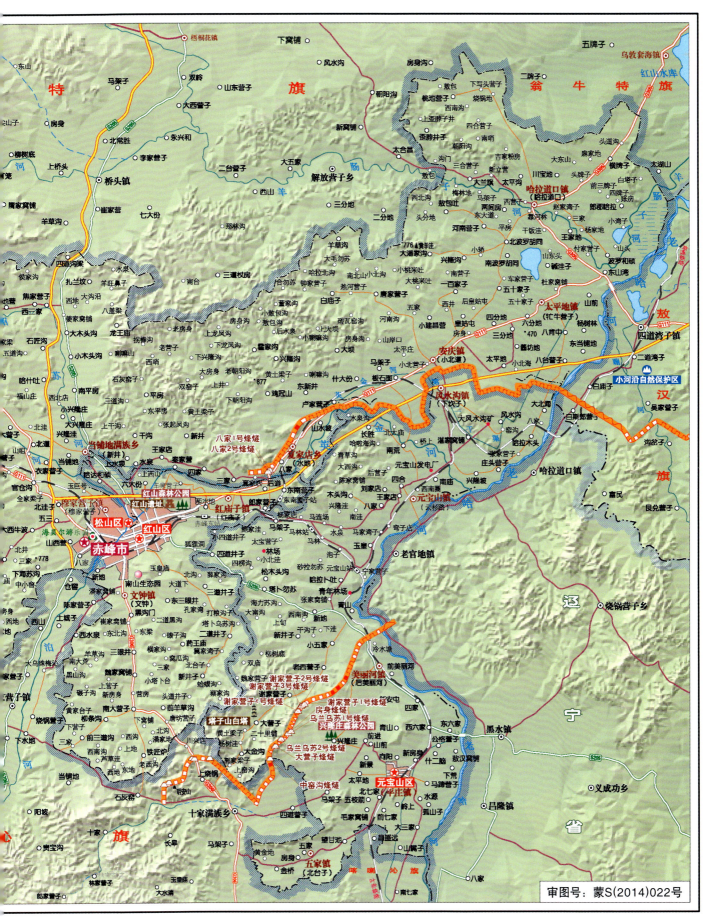

审图号：蒙S(2014)022号

0   4.0   8.0   12.0   16.0   20.0千米

地图六   赤峰市元宝山区及松山区烽燧分布图

125

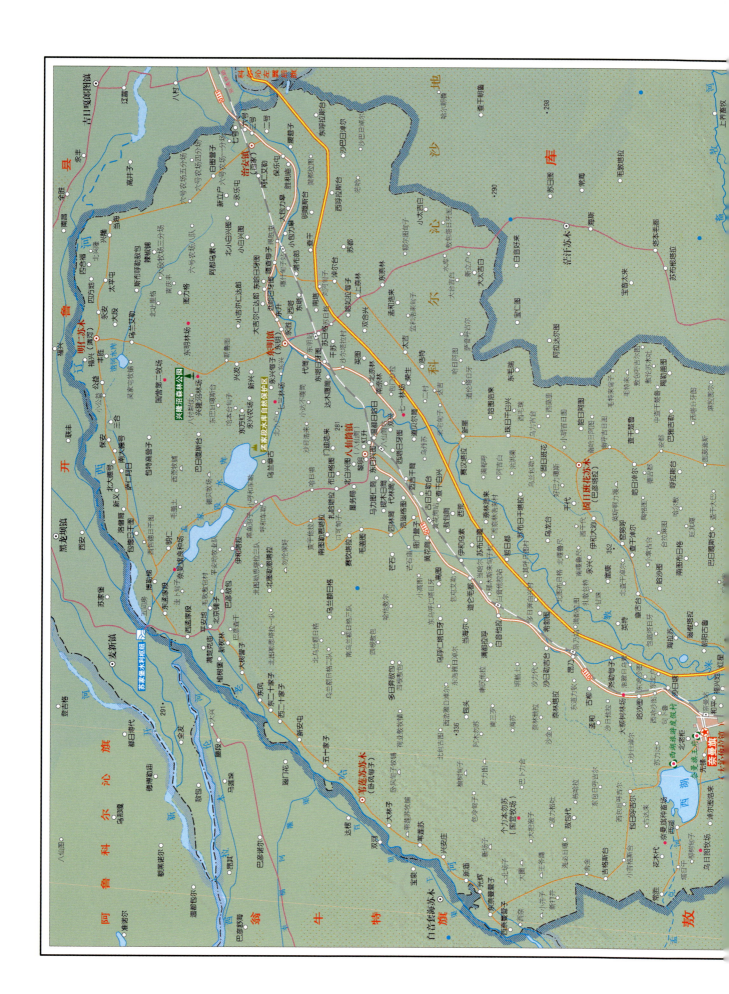

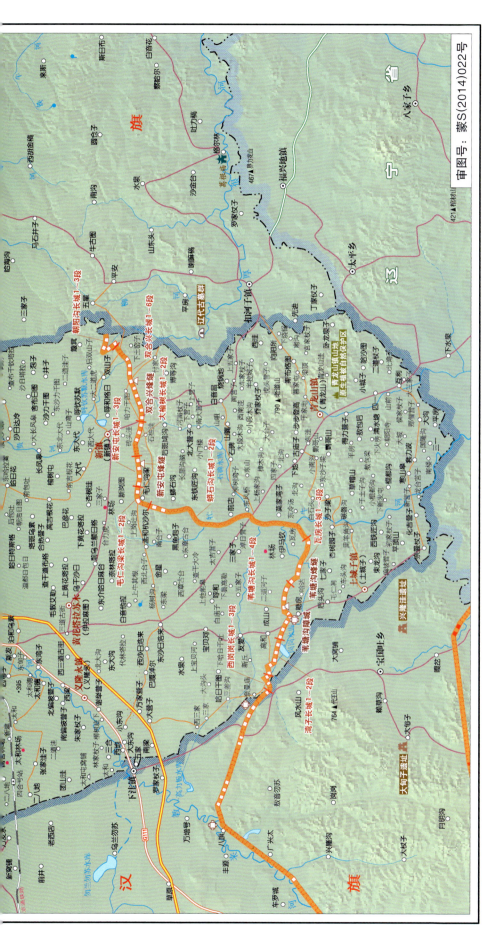

审图号：蒙S(2014)022号　　地图七　通辽市奈曼旗秦汉长城分布图

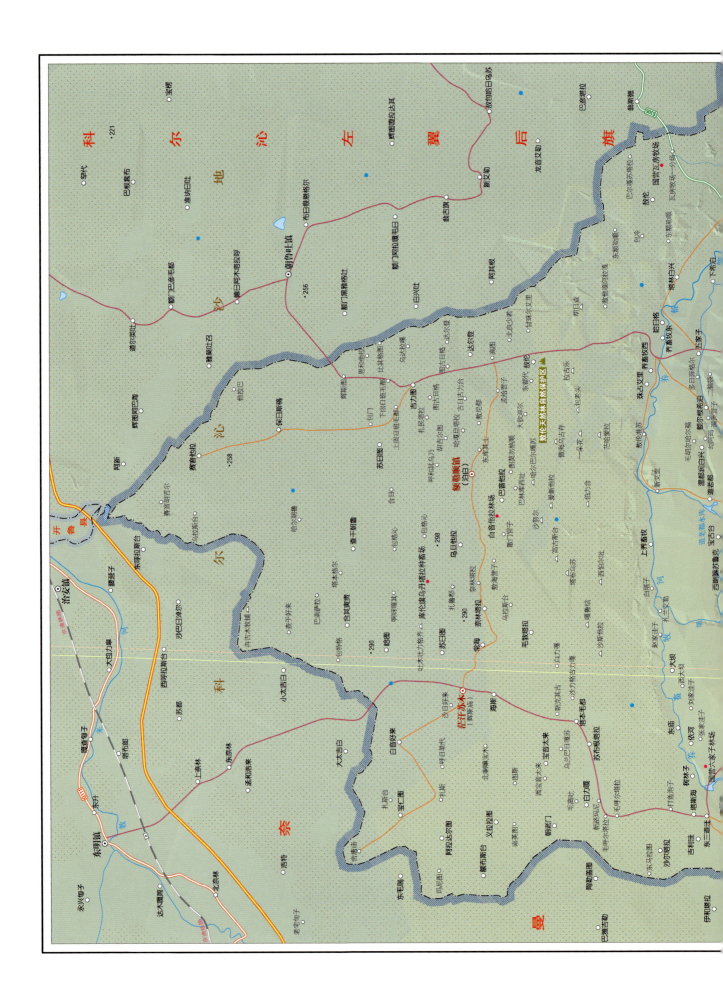

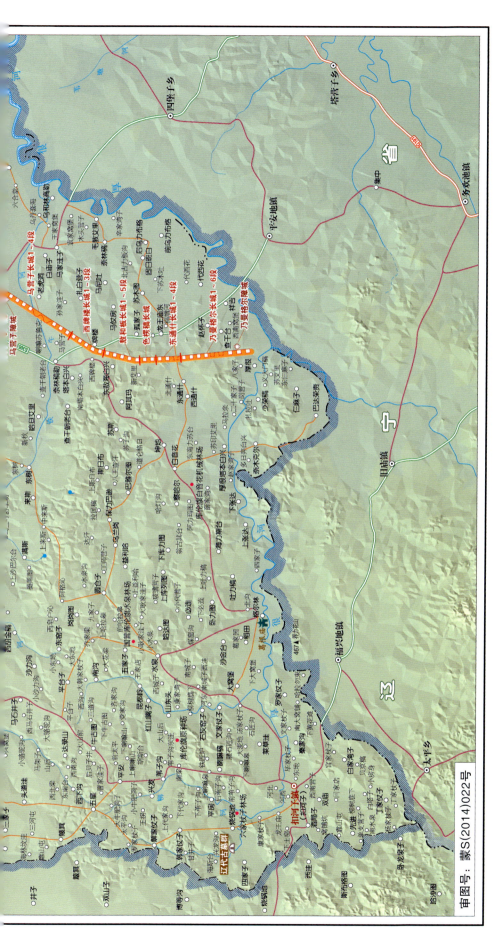

地图八 通辽市库伦旗西汉长城分布图

审图号：蒙S(2014)022号

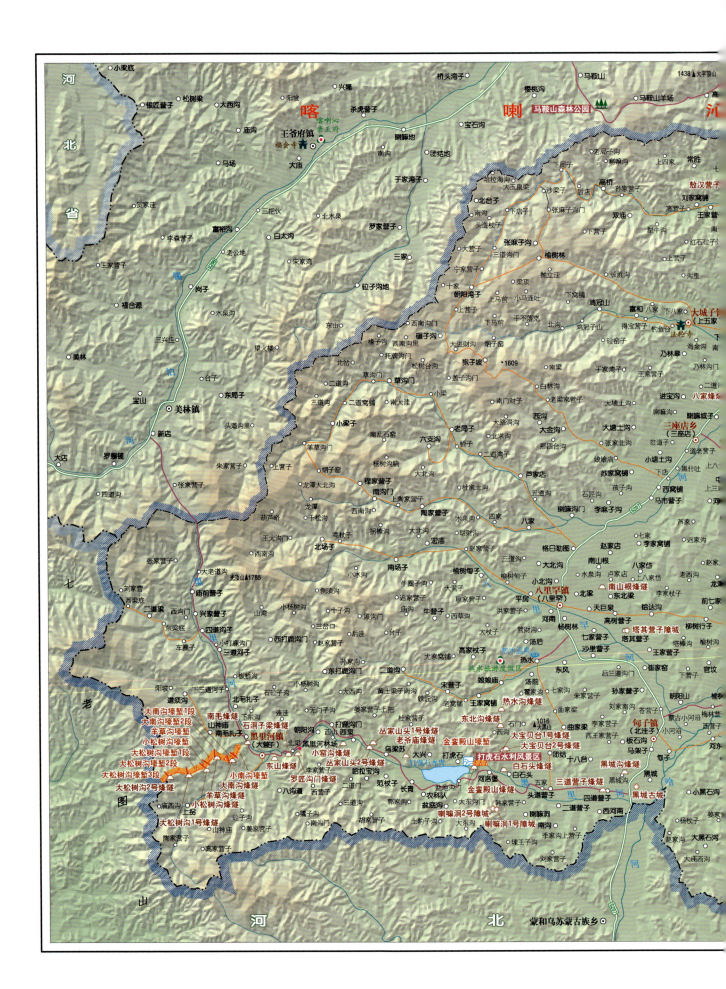

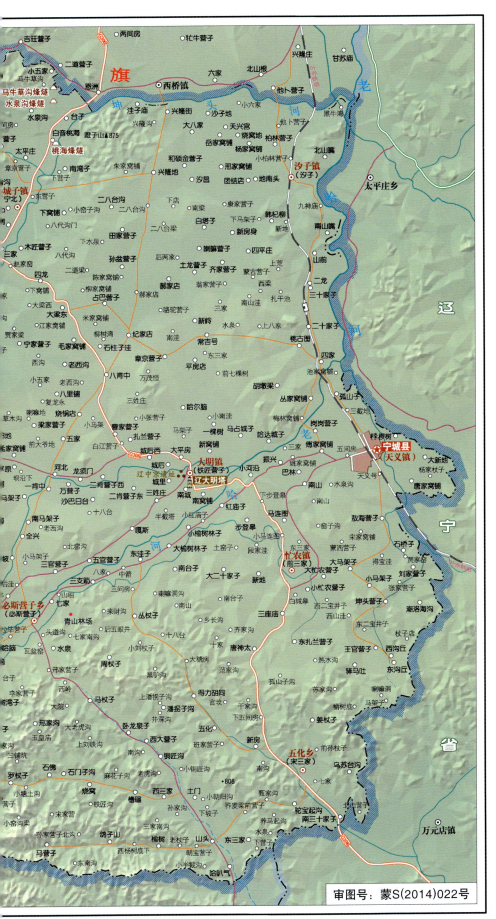

审图号：蒙S(2014)022号

0   3.0   6.0   9.0   12.0   15.0千米

地图九　赤峰市宁城县东汉长城分布图

彩图一　小瓦房沟2号烽燧

彩图二　化匠沟长城

彩图三　北新地烽燧

彩图四　田家沟长城

彩图五　田家沟烽燧

彩图六　苟家沟长城一段

彩图七　李家杖子长城

彩图八　李家杖子4号烽燧

彩图九　瓦盆窑长城

彩图一〇　东沟长城1段

彩图一一　克力代长城

彩图一二　兰家窝铺长城1段

彩图一三　房申障城

彩图一四　兰家窝铺长城3段

彩图一五　兰家窝铺烽燧

彩图一六　陈家杖子长城1段

彩图一七　陈家杖子2号烽燧

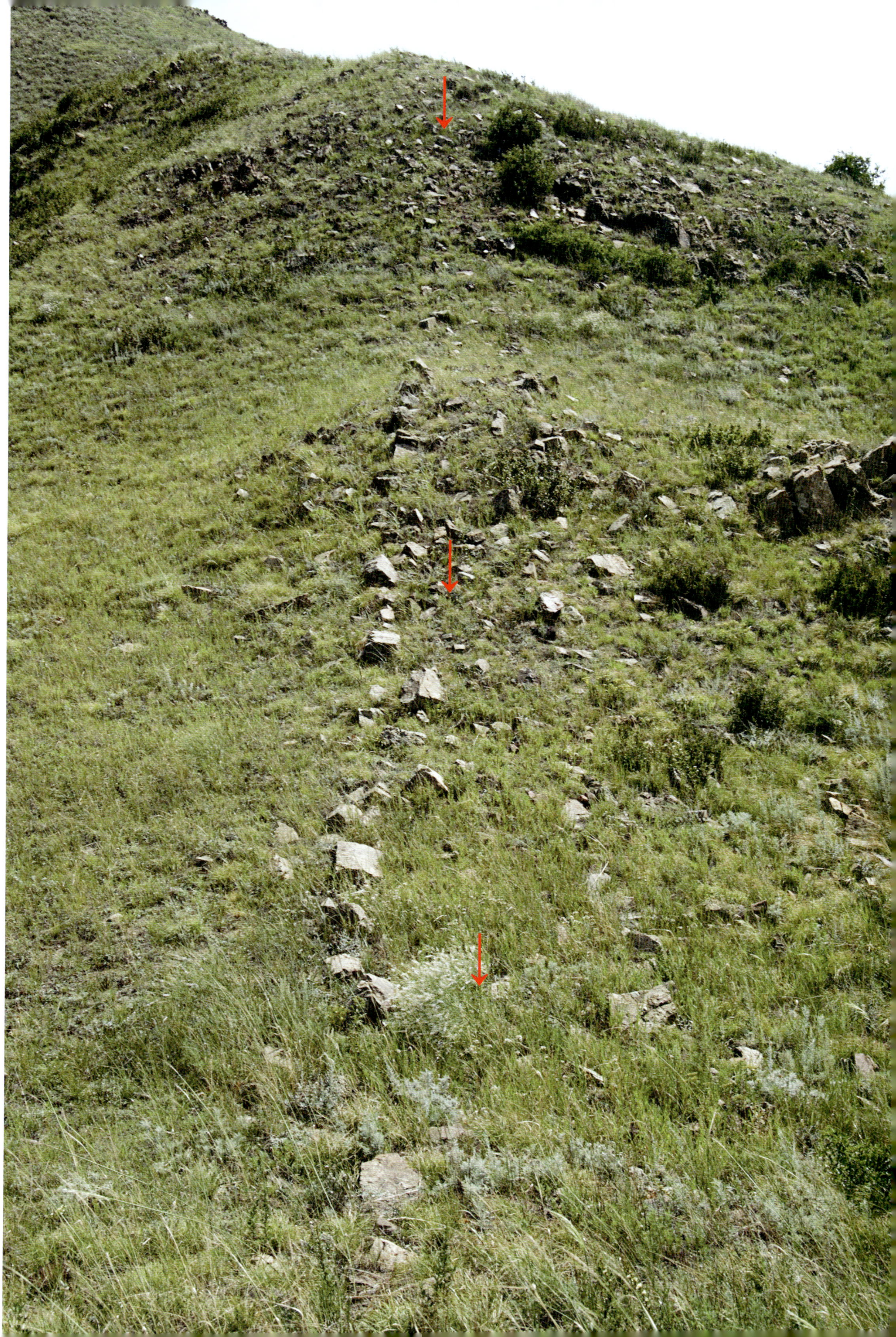

彩图一八　格斗营子长城3段

彩图一九　格斗营子1号烽燧

彩图二〇　水泉长城

彩图二一　水泉2号烽燧

彩图一三一　小马连沟长城一段

彩图二三　小马连沟1号烽燧

彩图二四　北沟长城

彩图二五　冷水塘长城1段

彩图二六　三家长城1段

彩图二七　朝阳沟长城3段

彩图二八　朝阳沟障城

彩图二九　盆子窑长城

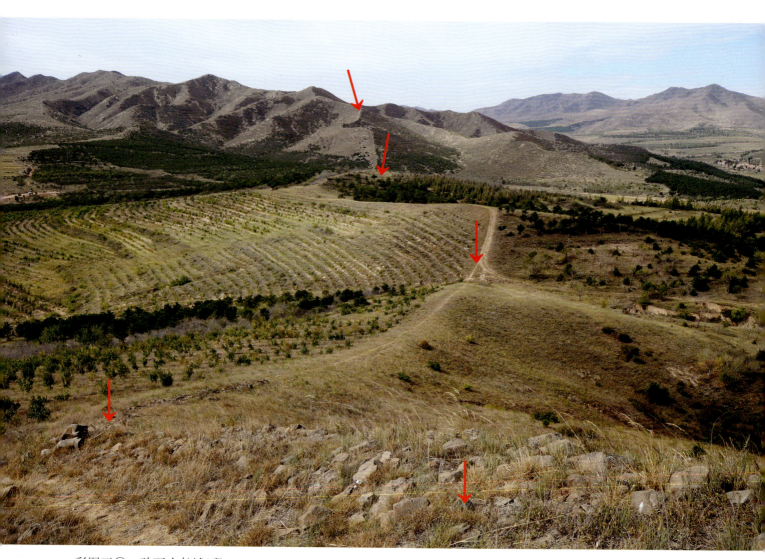

彩图三〇　砖瓦窑长城2段

彩图三一　砖瓦窑1号障城

彩图三二　砖瓦窑2号障城

彩图三三　谢家营子长城2段

彩图三四　谢家营子2号烽燧

彩图三五　房身长城

彩图三六　房身烽燧

彩图三七　房身障城

彩图三八　乌兰乌苏长城

彩图三九　乌兰乌苏1号烽燧

彩图四〇　大营子长城1段

彩图四一 大营子烽燧

彩图四二 中窑沟长城2段

彩图四三　中窑沟烽燧

彩图四四　杨家窝铺长城

彩图四五　林家地长城

彩图四六　刘家店长城1段

彩图四七　刘家店3号烽燧

彩图四八　刘家店2号障城

彩图四九　槟榔沟2号障城

彩图五○　姜家湾1号障城

彩图五一　姜家湾2号烽燧

彩图五二　姜家湾长城4段

彩图五七　双和兴长城3段

彩图五八　双和兴长城4段

彩图五九　双和兴烽燧

彩图六〇　双和兴长城5段

彩图六一　大榆树长城1段

彩图六二　新安屯长城1段

彩图六三　新安屯烽燧

彩图六四　毛仁沟梁长城1段

彩图六五　瓦房长城1段

彩图六六　苇塘沟长城1段

彩图六七　苇塘沟长城2段

彩图六八　苇塘沟烽燧

彩图六九　苇塘沟障城

彩图七〇　湾子长城1段

彩图七一　湾子长城2段

彩图七二　西岗岗长城1段

彩图七三　上水泉长城

彩图七四　下水泉长城1段

彩图七五　西接良灌长城1段

彩图七六　大龙凤沟长城

彩图七七　元宝山长城1段

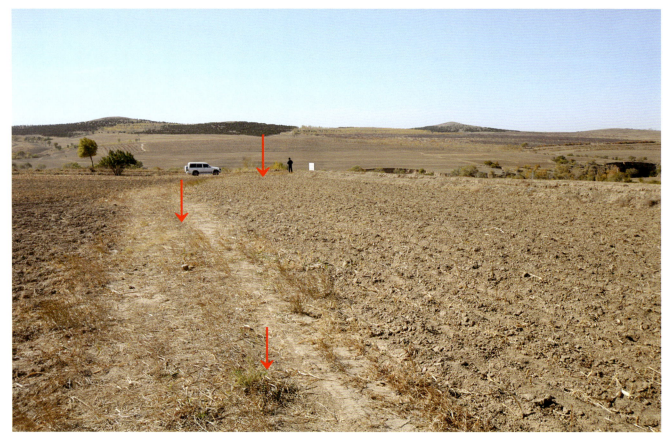

彩图七八　烧锅地长城

彩图七九　下房申长城1段

彩图八〇　齐大窝铺障城

彩图八一　老牛槽沟长城2段

彩图八二　陈家窝铺长城

彩图八三　关东沟长城1段

彩图八四　关东沟烽燧

彩图八五　小山长城1段

彩图八六　山水坡长城1段

彩图八七　山水坡长城3段

彩图八八　八家长城1段

彩图八九　八家1号烽燧

彩图九〇　八家2号烽燧

彩图九一　夏家店长城

彩图九二　乃曼格尔长城1段

彩图九三　乃曼格尔障城

彩图九四　乃曼格尔长城3段

彩图九五　东通什长城3段

彩图九六　敖合板长城3段

彩图九七　西牌楼长城1段

彩图九八　马营子长城1段

彩图九九　马营子障城

彩图一〇〇　马营子1号烽燧

彩图一〇一　马营子2号烽燧

彩图一〇二　东皂户沁长城

彩图一〇三　　朱碌嘎山烽燧

彩图一〇四　三道沟壕堑

彩图一〇五　三道沟1号烽燧

彩图一〇六　三道沟4号烽燧

彩图一〇七　柳灌沟壕堑断面

彩图一〇八　柳灌沟烽燧

彩图一〇九　瓦房山障城

彩图一一〇　新丘烽燧

彩图一一一　北山根1号烽燧

彩图一一二　北山根3号烽燧

彩图一一三　北山根5号烽燧

彩图一一四　二道烽燧

彩图一一五　马牛草沟烽燧

彩图一一六　桃海烽燧

彩图一一七　敖汉营子1号烽燧

彩图一一八　八家烽燧

彩图一一九　南山根烽燧

彩图一二〇　塔其营子障城

彩图一二一　黑城沟烽燧

彩图一二二　大宝贝台1号烽燧

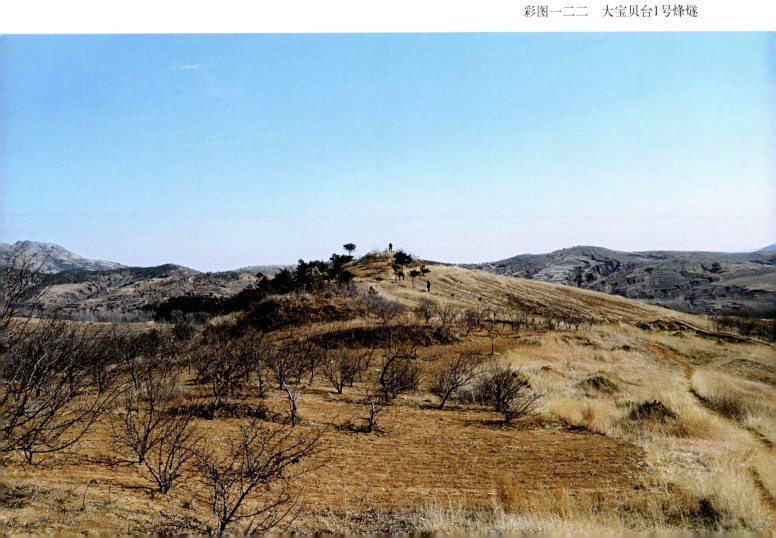

彩图一二三　老爷庙烽燧

彩图一二四　丛家山头1号烽燧

彩图一二五　丛家山头2号烽燧

彩图一二六　小窑沟烽燧

彩图一二七　大南沟壕堑1段

彩图一二八　羊草沟烽燧

彩图一二九　羊草沟壕堑

彩图一三〇　大松树沟壕堑1段

彩图一三一　大松树沟1号烽燧